In seinem großen biographischen Essay schildert Bernd Jentzsch die Entwicklung eines Autors, dessen literarische Aktivitäten konsequenterweise zu politischem Handeln geführt haben: Rudolf Leonhard, der sich über den ›wehrlosen‹ Pazifismus der sozialistischen Bewegung und Karl Liebknecht annähert, nimmt aktiv an der Novemberrevolution von 1918 sowie auf republikanischer Seite am Spanischen Bürgerkrieg teil.

Leonhard wurde 1889 in Lissa (heute Leszno) im damaligen Posen geboren; er starb 1953 in Berlin/DDR. Er veröffentlichte mehr als vierzig Bücher (Gedichte, Erzählungen, Theaterstücke, Hörspiele, Essays), arbeitete als Übersetzer und gab die bedeutende Buchreihe *Außenseiter der Gesellschaft* heraus.

Gleichzeitig erscheint unter dem Titel *Prolog zu jeder kommenden Revolution* ein Band mit Gedichten Leonhards, den Bernd Jentzsch zusammengestellt hat.

Bernd Jentzsch, geboren 1940, lebte bis 1976 in Berlin/DDR, seitdem lebt er in Küsnacht bei Zürich. Von ihm erschienen im Carl Hanser Verlag: *Jungfer im Grünen* (1973), *Ratsch und ade!* (1977), *Quartiermachen* (1978), *Max Herrmann-Neiße, Ich gehe, wie ich kam* (Hrsg., 1979).

Bernd Jentzsch

Rudolf Leonhard, ›Gedichteträumer‹

Ein biographischer Essay,
Dokumente und Bibliographie

Carl Hanser Verlag

ISBN 3-446-14151-0

Umschlag: Klaus Detjen
Die Wiedergabe des Fotos erfolgt mit freundlicher Genehmigung der Akademie der Künste der DDR, Berlin/DDR
Gesamtherstellung: Mühlberger, Augsburg
Printed in Germany

Rudolf Leonhard, ›Gedichteträumer‹

Ein biographischer Essay

All seine Klugheit, all seine Leidenschaft
leuchteten in seinen Augen. *André Wurmser*

I

Zu den wenigen deutschen Traditionen, die ungebrochen sind, gehört die Tradition der Vertreibung, des Exils: Frischlin in Prag und auf der Feste Hohenurach, Hutten auf der Ufenau, Heine in Paris, Büchner in Straßburg, Traven in Mexiko – das war das Vorspiel.

Als 1933 jenes Reich anbrach, das die unvergleichliche Ricarda Huch »das Reich der Hölle« genannt hat, verließen weit über zweihundertfünfzig deutsche Schriftsteller ihre Heimat; viele von ihnen haben sie nicht wiedergesehen. Sie flohen ins Exil nach England, Frankreich, Spanien und Italien, nach Belgien und Holland, nach Dänemark, Schweden und Norwegen, in die Tschechoslowakei, die Sowjetunion und die Schweiz, nach Palästina und Südafrika, nach Neuseeland und Schanghai, in die USA, nach Brasilien, Kolumbien, Chile und Mexiko. Sie waren gezwungen, die Länder mehrmals zu wechseln und kamen in der Diaspora zu Dutzenden ums Leben. Theodor Lessing wurde in der Tschechoslowakei von gedungenen Mördern aus dem Hinterhalt erschossen; Rudolf Olden ging auf der Flucht von England nach Kanada mit einem Schiff unter, auf das er sich gerettet hatte; Georg Hermann wurde in Holland verhaftet und in Auschwitz vergast; Johannes Wüsten fiel, krank und halb verhungert, in Paris der Gestapo in die Hände und kam in einem Nazizuchthaus um; Carl Einstein stürzte sich, um der Auslieferung zu entgehen, in Südfrankreich in einen Fluß; Ernst Weiß legte in seinem Pariser Hotelzimmer Hand an sich wie Walter Benjamin in Port Bou an der französisch-spanischen Grenze; Ernst Toller erhängte sich in New York; Kurt Tucholsky nahm Gift im schwedischen Hindås wie Walter Hasenclever im französischen Internierungslager Les Milles und Stefan Zweig in seinem Haus in Brasilien; Ernst Ottwalt wird in der Sowjetunion hingerichtet; andere, die Deutschland nicht verlassen hatten, wurden eingekerkert und hingerichtet wie Adam Kuckhoff in Plötzensee; ein Rollkommando der SS erschoß Albrecht Haushofer beim Einmarsch der Roten Armee vor dem Moabiter Gefängnis; Carl von Ossietzky starb an den Folgen der Prügelorgien seiner KZ-Haft, und Erich Mühsam wurde, bevor ihn die SS nach schweren Folterungen in Oranienburg ermordete, im Konzentrationslager Brandenburg »das Gehör so zerschlagen, daß das innere Ohr als rot schillernde Blase heraustrat«. Jan Petersen hat es in der 1933/34 unter den Bedingungen der Illegalität in Berlin entstandenen Chronik *Unsere Straße* mitgeteilt.

Die physisch und psychisch überlebt haben, kehren nach 1945 aus der Emigration zurück, eine große Gruppe bedeutender Namen entscheidet sich für die Sowjetische Besatzungszone; einige wenden sich endgültig von Deutschland ab und machen das Exil, das alte oder ein selbstgewähltes neues, zur Heimat, einige beschäftigt der Gedanke an die Rückkehr über Jahre. Unter denen, die erst spät und mit erheblichen Zweifeln die Orte ihres Exils verlassen, ist Rudolf Leonhard. Im Frühsommer 1950 entschließt er sich, aus Paris kommend, in die vor einem halben Jahr gegründete DDR zu übersiedeln und sich in Berlin, der Stadt seiner ersten literarischen Erfolge, niederzulassen. Am 27. April trifft er ein, einundsechzig Jahre alt und »ohne viel Hoffnung«. Am 24. Oktober 1949 hatte er an Maximilian Scheer geschrieben:

»Glaubst Du, daß ich in Berlin werde wirklich existieren können – in einer Art, die der Emigrationsexistenz und der jetzigen nicht allzusehr ähnelt?« Scheer schildert ihn als »schwach, bedrückt, skeptisch fragend«, aber auch als »vital, kämpferisch« und »genießerisch wie früher«.

Rudolf Leonhard bleiben noch drei Jahre, in denen er, den Kopf voller Pläne, die geschwächten Kräfte nicht schont. Als er 1953 stirbt, finden sich im Nachlaß Gedichte, die eher seine Bedrükkung aussprechen als daß sie Zeugnisse von Vitalität wären: »Hier bin ich unter vielen ein einzelner Mann, / der mit seinem vielfältigen Verdruß / und seinem einfältigen Glück / selber fertig werden muß.« – »Vergangen, verwettert, verweht, verschlagen. / Der Straßenrest ist wüst. Es regnet Steine.« – »Vielleicht, in sieben Jahren längstens, wird / noch mal wer sagen: ›Ja, der Leonhard – / was ist wohl aus dem Leonhard geworden? / Woran, wann ist der eigentlich gestorben?‹ / Und nichts mehr dann.«

In den Erinnerungen der Freunde erscheint »der gütige, nachsichtige Rudolf Leonhard« (Alfred Kantorowicz) als einer, der »Trost zu spenden wußte, wenn alle Stränge reißen wollten« (Ludwig Turek), der »alles vermochte« und »nichts von Schwierigkeiten« hielt (Bruno Frei), für sie war er »der beste Sohn und Bruder« (Gertrud Meyer-Hepner). Eine der eindruckvollsten Beschreibungen Rudolf Leonhards hat Stephan Hermlin gegeben: »Ein schön gewölbter Schädel mit wenig weißem Haar, ein energisches, kühnes, zugleich gütiges Gesicht, in dem die Augen auffielen, riesige blaue Augen, die den Gegenüber immer voll anblickten und Begeisterung, Lebensfreude und Vertrauen ausdrückten. Sein Blick war vielleicht das Merkwürdigste an ihm, er riß Schranken nieder, es war der freundschaftlichste Blick, den ich je bei irgend jemand gesehen habe. Es war eine seltsam entwaffnende Unschuld in dem Blick, der Mann hätte, wie man sagt, mein Vater sein können, aber in seinem Blick war etwas ganz unzerstörbar Kindliches, was einem den unwillkürlichen Wunsch eingab, dem Mann beizustehen.« Auch André Wurmser, sein französischer Schriftstellerkamerad, spricht von diesen »geistigen, spöttischen, arglosen Augen«, und er fügt hinzu: »Er war oft sehr unglücklich; nie im entferntesten war er schwach.«

In Frankreich, wo Rudolf Leonhard ein Drittel seines Lebens verbracht und unter den Pseudonymen Robert Lanzer, Roger Lehardon, Robert Lewandowski und Raoul Lombat geschrieben und politisch gearbeitet hat, führt er, wie schon vorher in Deutschland, den Umständen entsprechend Tagebuch; Niederschriften aus den Jahren 1936–1938 und 1941–1944, die zum Teil nur wenige Tage umfassen, sind erhalten; daneben entsteht Anfang der vierziger Jahre ein umfangreiches »Traumbuch«, während das Tagebuch nur noch einmal, vom 1.–7. Juli 1951, fortgesetzt wird. Aus beiden Konvoluten hat Maximilian Scheer in dem Band *Rudolf Leonhard erzählt* (1955) Bruchstücke veröffentlicht; die geschlossene Publizierung dieser autobiographischen Aufzeichnungen steht noch aus. Das ist um so bedauerlicher, als er bereits 1919 in Kurt Pinthus' *Menschheitsdämmerung* anstelle einer Vita erklärt hatte: »In einer Zeit, in der es mir als ein phantastisches Wagnis erscheint, länger als für vierzehn Tage vorauszudisponieren, ist mir neben anderm der Sinn (wenn auch nicht das Gefühl) für die Kontinuität des eignen Lebens so weit verlorengegangen, daß ich auch nach rückwärts eine Selbstbiographie nicht zustande bringe. Auch scheint es mir eine schwer zu lösende Aufgabe und ein nicht ratsames Unternehmen, fest- und klarzustellen, was wichtig war. Wenn sich jemand ernsthaft für diese Angelegenheit interessieren sollte, den bitte ich bis zu meinem Tode zu warten, nach dem meine ausführlichen Tagebücher verfügbar sein werden.«

Zwischen der emphatischen Forderung »Wir wollen selbst die neue Welt errichten!« aus den *Polnischen Gedichten*, geschrieben 1915, und der resignativen Bilanz »Es regnet Steine«, geschrieben in jener neuerrichteten Welt, ist das Leben Rudolf Leonhards in sich wiederholenden Zyklen von Zuversicht und Verzweiflung verlaufen, wobei er, getreu seinem Wahlspruch: »So klar wie möglich, so genau wie möglich, so rechtschaffen wie möglich«, Siege und Niederlagen gleichermaßen bezeugt und selbst noch die niederdrückendsten persönlichen Erfahrungen im Licht der »Zeitenwende« zu sehen bemüht ist, für die er ein halbes Jahrhundert literarisch und im politischen Tageskampf an exponierter Stelle gestanden hat: »In Euern Reden, in Euerm Lied, / wenn Ihr stark durch die Straßen zieht, / in Tränen, Gelächtern und im Schrei, // ohne, ganz ohne daß Ihr es wißt, / immer ist / etwas von mir dabei.« Mit diesen Versen, die, angesichts einer ihn zunehmend bedrängenden und enttäuschenden Wirklichkeit, einem Salto mortale in die Utopie gleichkommen, beschließt er das nach 1950 zu datierende Gedicht »Überleben«, in dem er nur wenige Zeilen davor vom namenlosen Vergehen seines Werkes und seiner Person spricht. So erklärt sich auch eine um 1921 entstandene Notierung, die »die Tätigkeit eines Parteischaften austragenden Arbeiters« höher bewertet »als alle Dichtung«, weil sie »wirklicher und zeitnotwendiger, also weltwirksamer ist«; sie gipfelt in der demütigen Schlußfolgerung: »In einer solchen Zeit hat die Beschreibung eines einzelnen Lebens und einer einzelnen Leistung noch mehr Bedenken gegen sich als sonst.«

Diese Selbstkasteiung hat sich an ihm erfüllt. Maximilian Scheer bemerkt dazu: Es »erschien zu seinen Lebzeiten nie über ihn und sein Werk ein literaturkritischer Essay, selbst nicht nach der Rückkehr dieses früheren Präsidenten des deutschen Schriftstellerverbandes. Seine Werke wurden kaum erwähnt, nicht gewürdigt, geschweige ausgezeichnet. Das machte ihn, sooft er daran dachte, und er dachte zuletzt manches Mal daran, ›vergrämt, deprimiert und aggressiv‹, wie Louis Fürnberg in einem schönen Erinnerungsbrief schrieb. ›Ich verstand ihn nicht ganz. Jetzt . . . verstehe ich ihn.‹« Und Franz Leschnitzer erinnert sich: »Die Gleichgültigkeit seiner Landsleute gegen ihn, ihrer aller – vom Dichterfürsten bis zum Feuilletonredakteur – absolute Wurschtigkeit gegen die bedeutenden Leistungen dieses bedeutenden Mannes ist leider über sein Grab hinaus wirksam geblieben.«

Ihm, der sich programmatisch, und damit Lenins Gedanken vom »revolutionären Träumen« aufgreifend, einen »Gedichteträumer« genannt und in Gedichten und Aphorismen,

Theaterstücken, Hörspielen und Drehbüchern, Erzählungen und Essays seine Träume von der Verbesserung der Welt literarisch entworfen hat und Fragen von nationalem Rang aus der Geschichte der Polen, der Deutschen, der Franzosen, der Spanier und des jungen Sowjetstaates in gültiger Weise gestaltete, ihm, dem »Mißhandelten« (Alfred Kantorowicz), der lange vor Günter Eich mit bestenfalls »zwei oder drei Lesern« rechnete, gilt es, das Zurücktreten hinter die »Beschreibung eines einzelnen Lebens«, des eigenen, nicht länger zu gestatten. Bei dieser Korrektur der Bescheidenheit wird es zulässig sein, Rudolf Leonhard beim Wort zu nehmen, der in der Notierung von 1921 auch geschrieben hatte: »Aber sie kann als erlaubt gelten, weil sie zugleich ein Dokument der Zeit und ein Manifest gegen die Zeit ist.«

II

»Ich bin als Sohn eines Rechtsanwalts und Notars, Enkel eines Buchhändlers und Urenkel eines Landwirts – aus einer Familie, der überwiegend Juristen mit zum Teil, nach dem Maße ihrer Zeit, erheblichen wissenschaftlichen Verdiensten angehörten, stammend – am 27. Oktober 1889 in einem alten Hause am Markte der Stadt Lissa in Posen, die jetzt wieder Leszno heißt, geboren worden. Diese Stadt enthielt in ihrer Architektur und ihren Einwohnern, Kleinbürgern und einer wechselnden farblosen Beamtenschaft, nicht die mindeste Merkwürdigkeit, und so kommt es, daß ich an meine glückliche Kindheit nur wenige Erinnerungen – außer einigen, die ich nicht preisgeben kann – besitze. Wohl aber entsinne ich mich noch eines Erlebnisses, das für das erste Jahrzehnt meines bewußten Lebens entscheidend wurde: des vor einem stark gemaserten uralten Kastanienstamm mich überfallenden Wissens, daß die Natur schön sei, und daß wir immer wieder in sie eingehen können. Diese Entdeckung machte ich übrigens ziemlich spät; bis dahin muß ich nur geträumt haben.« So beginnt Rudolf Leonhard eine etwa um 1920 niedergeschriebene autobiographische Skizze, die 1957 vom Deutschen Literaturarchiv Marbach am Neckar aus privater Hand erworben worden ist; in ihr hat er seine Entwicklung bis zum einunddreißigsten Lebensjahr dargestellt.

Er wird, obwohl die Familie jüdisch ist, evangelisch getauft und erhält den Namen Leonhard. Nachdem ihn ein Privatlehrer in den Elementarfächern unterrichtet hat, besucht er neun Jahre das Commenius-Gymnasium in Lissa, zu dessen 375jährigem Bestehen er den Prolog verfaßt. Sein Großvater, der Buchhändler Levysohn aus Grünberg in Schlesien – er verlegte 1840 Bettina von Arnims Briefroman *Die Günderode* – macht ihn mit der Welt der Bücher vertraut. In den letzten Schuljahren liest er viel, »wahl- und verständnislos alles, was mir unter die Hände kam, am liebsten Bücher, die mir verboten wurden. Ein solches unvorsichtiges und irreführendes Verbot hatte z. B. die Folge, daß ich Schnitzlers *Reigen*, das mein Geschlechtsleben nicht im mindesten mehr zu beeinflussen imstande war, für eine ernsthafte Dichtung hielt.«

Den Vater, einen von den liberalen Ideen der Revolution von 1848 geprägten Mann, verliert er früh; die Mutter erlernt als Witwe den Beruf einer Gärtnerin und übt ihn aus. »In Deutschlands bösester Zeit« kommt sie in einem Konzentrationslager um: »Die Fahrt war sicherlich hart und weit. // Wohl in eine Stadt, wohl in Böhmen.«

Der Siebzehnjährige besteht das Abitur »glänzend« und studiert Germanische Philologie und Rechtswissenschaft in Göttingen, wo er »nächtlich an Bürgers Grab« pilgert. Als er gezwungen ist, sich für ein Seminar eingehend mit den Gedichten von Martin Opitz zu beschäftigen, dessen *Buch von der deutschen Poeterei* (1624) ihn schon als Gymnasiasten »tief entsetzt« hatte, beginnt er an seiner Fähigkeit, je ein guter Philologe zu werden, ernsthaft zu zweifeln, zumal ihm die Beschäftigung mit den eigenen Gedichten für den Schlesier nicht viel Zeit läßt: »Ich ergab mich stärker seelischen Ausschweifungen.« Vorübergehend schließt er sich den Burschenschaften an, wird aber von der Verbindung sehr schnell »als unbrauchbar« »abgegeben«. Er selber erinnert sich, »nichts Langweiligeres, Stumpfsinnigeres, Phantasieloseres« kennengelernt zu haben; lediglich »rechtwinklig zu grüßen« sei ihm beigebracht worden.

Er verläßt Göttingen und setzt das Studium in Berlin fort. Weil ihn die Vorlesungen langweilen, geht er oft in die Philharmonischen Konzerte und die Ausstellungen bei Bruno Cassirer, um schließlich überhaupt nicht mehr in der Universität zu erscheinen. Auf das Examen, das er wiederum mit Erfolg besteht, läßt er sich von einem Repetitor vorbereiten. Die Muffigkeit des Berliner Lehrbetriebs macht ihm die Entscheidung leicht, die Germanische Philologie an den Nagel zu hängen; »ohne große Freude« beschließt er, die juristische Laufbahn einzuschlagen. Er übersiedelt nach München, betritt aber dort die Universität nur ein einziges Mal. »Einen Teil des Tages hielt ich mich in der Pinakothek, einen Teil der Nacht im Englischen Garten auf. Ich lebte so einsam, daß ich manchmal in eine Kneipe lief, nur um zu hören, daß Teller klappern und Menschen sprechen können. Aber in dieser Einsamkeit wurde ich wach; ich schrieb sehr viel, Unfertiges und Beeinflußtes, Novellen in der Art Storms und Gedichte in der Art Liliencrons, aber damals entdeckte ich, daß ich Gedichte schrieb – damals erst, obwohl ich mich noch eines Gedichtes aus meinem zehnten Jahre entsinne –, und daß dies eine sehr ernsthafte Sache sei, und erfuhr, was ich in der Welt zu tun hatte.«

Um das Studium zu beenden, kehrt er nach Berlin zurück. Er belegt einige Repetitionskurse und macht Hals über Kopf Examen; die Dissertation über eine theoretische Frage aus dem Staatsrecht gibt er auf, als es zwischen ihm und dem Doktorvater zu Zerwürfnissen wegen angeblicher »sprachlicher Unzulänglichkeiten« kommt. Er wohnt in Strausberg bei Berlin und tritt ins dortige Amtsgericht ein. Die Referendarzeit empfindet er als »uninteressant und niederdrückend«, »die Hälfte der ergehenden Urteile« hält er, vor allem, was das Strafmaß betrifft, »für Fehlurteile zuungunsten der Angeklagten«. Die Abgestumpftheit und

Verständnislosigkeit der Richter verleidet ihm den Dienst vollends. »Schließlich konnte ich mich nur noch durch Alkohol dazu bringen, aufs Gericht zu gehen.« Beim Berliner Landgericht, wohin er überwechselt, sieht die Praxis nicht anders aus.

In den Mußestunden widmet er sich den Musen. Im Winter 1909/10 entsteht in den Wäldern um Strausberg der lyrische Roman *Beate und der große Pan*, eine »Symphonie der Naturversunkenheit«. Dieses kleine Werk, eine Folge kurzer Prosastücke mit eingelegten Gedichten, das Rudolf Leonhard zeit seines Lebens sehr nahe gewesen ist, erscheint, nachdem er zehn Jahre einen Verleger gesucht hat, 1918 in München.

Als sich seine Verwendung im Justizdienst nur noch darauf beschränkt, Urlaubsgesuche abzufassen, reicht er den Abschied ein. Der Ausbruch des Ersten Weltkrieges erleichtert ihm diesen Entschluß. Er stellt sich in Hameln als Freiwilliger, wird aber nicht genommen. Daraufhin fährt er zu seiner Mutter nach Pyrmont, hilft bei der Einbringung der Ernte und beginnt, »völlig zerschüttelt vom Ungeheuren des Ereignisses«, Kriegsgedichte zu schreiben. Aus dieser Zeit existieren Briefe und Karten Rudolf Leonhards an die Berliner Studentin Hedi Matzdorf, die wichtige Zeugnisse seiner politischen Wandlung darstellen. Am 15. August 1914 teilt er ihr mit: »Nun lese und höre ich alles mit dem sehr bitteren Gefühle, nicht dabei zu sein. Ich fühle mich gesünder als seit einer ganzen Weile, und sitze, während Europa umgebaut wird, in einem schauderhaft friedlichen, entfernten Orte.« Noch 1914 wird er Soldat, aus »falschem Demokratismus«, wie er später sagt.

In dieser Situation führt Rudolf Leonhard ein Gespräch, das die geistige Wende in seinem Leben einleitet. Im Weimarer Hotel »Elephant« trifft er zu Silvester 1914 mit Walter Hasenclever, Ernst Rowohlt und Martin Buber zusammen. Die Begegnung beeindruckt ihn so stark, daß er sie als »die vielleicht erste revolutionäre Versammlung in Deutschland« bezeichnet. Von ihnen erfährt er die Vorgeschichte des Krieges und Einzelheiten über den bisherigen Kriegsverlauf, die von den Zeitungen verschwiegen werden, er hört von Profiten, Kampf um Marktanteilen und Eroberungszielen, für die Millionen Menschen geopfert werden sollen. Sie reden einen Tag und eine Nacht miteinander, er wird mit einem Schlag aus seinen Illusionen gerissen. Sechs Tage danach, auf dem Transport an die Front, ist er »ohne Glauben«, ein Gewandelter. Er weigert sich, an einem Offizierskursus teilzunehmen und nimmt Verbindungen zu Gruppen auf, die gegen den Krieg arbeiten. Am 2. März 1915 schreibt er aus dem Lazarett an Hedi Matzdorf: »Daß mir eine einstürzende Mauer ein Loch in den Kopf schlug, war nicht schlimm, das war schnell geheilt. Aber meine Füße sind aufgebrochen und etwas erfroren, und meine Nase eitert und versagt den Atem. Und ich bin überhaupt ziemlich elend, von meinen Erlebnissen und Erfahrungen.« Und am 6. März heißt es: »Dennoch sind meine Gedichte nur ein ganz schwacher Abglanz des unsagbar Grauenvollen.«

Mit der Begründung, »nichtalldeutsche Gesinnung« zu bekunden, wird er ein Jahr lang in vierzehn Lazaretten und »Idiotenanstalten« interniert. Die Militärärzte sehen in ihm einen pazifistischen, geistig gestörten Aufwiegler und bringen ihn vors Kriegsgericht.

Als sich die Kriegslage verschlechtert, wird er abermals für felddiensttauglich erklärt. Das Intrigenspiel der Ärzte, die seinen medizinischen Befund fälschen, endet damit, daß ihn die Kriegsmetallaktiengesellschaft für eine kaufmännische Tätigkeit reklamiert. Dennoch genießt er das Vertrauen der unmittelbaren Vorgesetzten, die, wie er am 15. März 1916 Hedi Matzdorf gesteht, »nicht ahnen, was für eine revolutionäre Schlange sie an ihrem bekreuzten Busen nähren«. Aus dem Pazifisten, der seine Arbeit gegen den Krieg naiv begann, ist inzwischen ein unversöhnlicher Hasser des Krieges geworden, der sich nun »zu den anderen, die besser Bescheid wußten, vor allem zu den bewußt kämpfenden Arbeitern« bekennt.

Die Kriegsgedichte Rudolf Leonhards waren im Oktober 1914 als schmales Heft von vierzehn Seiten erschienen. Verblendet von der demagogischen Parole, daß der Krieg Deutschland »von außen« aufgezwungen worden sei, dichtet der Vierundzwanzigjährige sein »Wir nehmen an!«. Schon der Titel *Über den Schlachten*, der zu verstehen geben will, daß der Verfasser von einer höheren Warte aus urteile, deutet ungewollt auf den völligen Realitätsmangel hin. Wo sollte er die Schrecken des Krieges auch erfahren haben? Beim Garbenbinden auf den Feldern um Pyrmont stellen sie sich jedenfalls nicht ein. Aber diese Gedichte werden nicht nur aus Begeisterung für die falsche Sache geschrieben; in ihnen kompensiert sich das persönliche Leiden an der Ausmusterung, sie sind Dokumente einer als moralisch diskriminierend empfundenen Zurückweisung. Um so schriller ist ihr Ton, der sich bis zur Blasphemie steigern kann: »Guter Gott, laß doch ein paar Spione ins Land / und gib mir eine einzige russische Gurgel in meine gesunde Hand!« (»Landsturm auf Wache«). An anderer Stelle klingt es so, als würde aus der Regierungserklärung Mephistos zitiert: »Trompeten herrschen. Über Europa geht ein Getöse. / Wir lieben den Krieg, wir wollen das Böse« (»Europa«). In diesem Zusammenhang mag ein Hinweis auf Filippo Tommaso Marinetti, »den General der Futuristen«, aufschlußreich sein, dem Rudolf Leonhard vor dem Ersten Weltkrieg im Berliner Café »Josty« begegnet war. Rückblickend entsinnt er sich an dessen »laute, hemmungslos laufende, hohl schwellende Verse« und hebt als besondere Kennzeichen dieser Poesie den »Lärm um des Lärmes willen« und das Moment der Bewegung hervor; es steht dahin, ob das Bruitistische an Rudolf Leonhards Kriegsgedichten nicht auch von derartigen Einwirkungen veranlaßt und inspiriert worden ist.

Das Echo, das *Über den Schlachten* in der Öffentlichkeit auslöst, ist zwiespältig. Julius Bab erkennt, daß »vieles naturalistisch roh« bleibt und »manches gewaltsam aufgetrieben« wird, aber er verweist auch auf die aufkeimende Kritik an den Kriegsgreueln. Die schärfste Polemik gegen Rudolf Leonhard führt die Zeitschrift *Sirius*. Den Gedichten ist ein Motto vorangestellt: »Im Taumel der ersten Wochen geschrieben – / der Rausch ist verdunstet, die Kraft geblieben – / wir werden uns wieder besinnen und lieben.« Am 1. November 1915 antwortet ihm Walter Serner: »Das ist keine Entschuldigung, Herr Leonhard. Wenn Sie dem Anfang, den Ihre ›Angelischen Strophen‹ bedeuten, ein Weiter retten wollen, müssen Sie für ihre böse Schaffensperiode ein ärztliches Attest sich beschaffen, das Sie für unzurechnungsfähig erklärt. Aber man wird das Attest für erschlichen halten. Herr Leonhard, man wird Ihnen nie wieder glauben.« (Um seinem Affront Nachdruck zu verleihen, behauptet er, nur das erste Gedicht, »Europa«, gelesen zu haben.) Daß diese Gedichte unter Mitwirkung des Oberkommandos im Dezember 1914 verboten und beschlagnahmt worden waren, kann den Zorn des Rezensenten nicht dämpfen.

1919 veranstaltet Rudolf Leonhard eine Ausgabe seiner gesammelten Kriegsgedichte: *Das Chaos*. Der Band enthält außer *Über den Schlachten* die während der Winterschlacht in Masuren (Februar 1915) und im Sommer des Jahres geschriebenen Zyklen »Aus den Schlachten« und »Das neue Leben«, vermehrt um einige Zwischenstücke. In den drei Gedichtgruppen sieht er einen »europäischen Weg« nachgezeichnet. Er betont das tragische Mißverständnis der Wirklichkeit, das in *Über den Schlachten* manifest geworden ist, und verweist ausdrücklich auf die Gedichte des zweiten und dritten Teiles als notwendige Korrektive. Tatsächlich ist das »Wir lieben den Krieg« nun dem Jubel darüber gewichen, keine Wunden mehr schlagen zu müssen; Anteilnahme und Anklage, Mahnung und Hoffnung auf gesellschaftliche Veränderungen stehen jetzt gegen die Metaphorik von 1914, die Redefiguren wie »in unseren Fäusten Ströme von Blut« zugelassen hatte. Kurt Pinthus trifft den Nerv der Zeit genau, wenn er in der *Menschheitsdämmerung* (1919) schreibt: »Aus den Ausbrüchen der Verfluchung brachen die Schreie und Aufforderungen zur Empörung (Becher, Rubiner, Hasenclever, Zech, Leonhard, Heynicke, Otten, Werfel, Goll, Wolfenstein), nicht aus Lust an der Revolte, sondern um durch die Empörung das Vernichtende und Vernichtete ganz zu vernichten, so daß Heilendes sich entfalten konnte.« Den Umschlag in eine neue politisch-literarische

Qualität, der sich in einzelnen Gedichten ankündigt, hat am klarsten Julius Bab ausgesprochen, indem er das Triptychon des *Chaos* in seiner daktuellen Wandlung als »das bedeutendste lyrische Dokument eines Kriegserlebens« charakterisiert, »das, zu bitterster Feindschaft aller Gewalt anwachsend, ins Revolutionäre mündet«. In *Chaos* spiegeln sich bereits die Erfahrungen, die Rudolf Leonhard in der Novemberrevolution von 1918 gesammelt hat; ein Gedicht wie »Der tote Liebknecht« macht darauf aufmerksam.

Im Vorwort hat Rudolf Leonhard seine Irrtümer von 1914 eingestanden; drei Punkte sind wesentlich: 1. Bei Kriegsausbruch war er, der sich kaum mit Politik beschäftigt hatte, nicht über die politische Lage informiert und sah sie daher falsch. 2. Es ist eine Schuld, nicht politisch unterrichtet zu sein. 3. »Ebenfalls durch eine falsche Einschätzung vom Anteil an Schuld und politischem Verhängnis, aber nicht allein dadurch bestimmt ist das Gedicht, das ich am weitesten verwerfe: ›Landsturm auf Wache‹.« Und er schließt eine rezeptive Bemerkung an, die zwar auch schon damals sattsam bekannt gewesen sein dürfte, aber im Hinblick auf die Interpretation von »Tedeum« durch seine Zeitgenossen doch gerechtfertigt ist: Wenn ein Autor »ich« sagt, handelt es sich nicht um die Meinung des Autors; in diesem Fall war ein Menetekel beabsichtigt.

Erstaunlicherweise sind die Kriegsjahre für ihn literarisch äußerst produktiv. 1916 entwirft er das am 23. März 1919 von der Dramatischen Gesellschaft am Kleinen Schauspielhaus Berlin uraufgeführte Schauspiel *Die Vorhölle* (Inszenierung Carl Mayer), neben Fritz von Unruhs *Ein Geschlecht* (Uraufführung 1916) und Reinhard Goerings *Seeschlacht* (Uraufführung 1918) eines der ersten Stücke gegen den Krieg, dem die Kritik bestätigt, »nichts als ein Schrei« zu sein und das von der Zensur während des Krieges ebenfalls verboten wird. Weiterhin entstehen 1916 der Essay *Das Werk Heinrich Manns*, den er als erste bedeutende Würdigung dieses Dichters 1917 im Almanach *Der neue Roman* des Kurt Wolff-Verlages veröffentlicht, und die 1918 erscheinenden *Polnischen Gedichte,* in denen er sich mit dem gegen die zaristischen Unterdrücker kämpfenden polnischen Volk solidarisiert und die ein frühes Beispiel des proletarischen Internationalismus in der Literatur darstellen: »Das Nationalgefühl, wenn es über einen ohne sittliche Qualitäten wirkenden Instinkt zu einer Überzeugung gediehn ist, damit aber anders und höher aufrichtig wurde als der bisher geltende Urtrieb, muß, neben andern Tugenden, die freudige Anerkennung jedes fremden Nationalgefühls zur Folge haben.« Die Polen haben ihm den Beweis seiner Solidarität nie vergessen. 1950 dankt ihm der Publizist Edmund Osmanczyk: »Seit der Zeit, da diese ›Polenlieder‹ entstanden, schrieb kein deutscher Dichter so über Polen. Der deutsche Dichter Rudolf Leonhard gehört zu uns.«

1917 legt er die Übersetzung von Anatol Frances Roman *Aufruhr der Engel* und die Aphorismensammlung *Äonen des Fegefeuers* vor, die von Kurt Pinthus mit Pascal, Montaigne und Nietzsche verglichen wird: »Dieser Leonhard ähnelt nicht den Aphoristikern der letzten Jahrzehnte, denen der Aphorismus ein Spiel und oft nur ein Wort-Spiel war, sondern ein Universalist stürmt hier leidenschaftlich gegen das Chaos um uns und in uns an.« Sein zweiter Aphorismenband, *Alles und Nichts* (1920), an dem er gleichzeitig arbeitet, bestätigt diese Beobachtung noch direkter: das Politische, das sich unter anderem an der sozialen Frage entzündet, rückt in den Vordergrund; manche Texte muten geradezu wie Bildunterschriften zu Blättern von Heinrich Zille oder Käthe Kollwitz an: »Wißt Ihr aber, daß in Berlin 600000 Menschen ihr Leben in einem heizbaren Zimmer zu mindestens Vieren beieinander zu verbringen verdammt sind, ist das Euer Morgen- und Abendgedanke und jedesmal der erste, wenn Ihr Euer Zimmer betretet?« Aus demselben Geist geboren ist eine Reihe von Aufsätzen, in denen er sich mit dem Frauenrecht, dem Militärstrafrecht und der Rolle von Leben und Kunst in der proletarischen Revolution beschäftigt; Aufsehen erregen die »Bemerkungen zum Reichsjugendwehrgesetz« (1917). Von hier aus führt ihn sein Weg zur Publizistik, mit der er auf das aktuelle

Tagesgeschehen reagiert. Er wird Mitarbeiter der *Schaubühne*, die ab 1918 als *Weltbühne* weitererscheint, und steuert für beinahe jede Nummer Glossen unter dem Pseudonym Olf bei.

Ein Projekt, das auch in den Briefen Gustav Landauers zur Sprache kommt und dem Rudolf Leonhard die Programmschrift *Heraus aus der Universität* gewidmet hat, scheitert an den sich verschärfenden Kriegsverhältnissen. Am 22. Juli 1915 berichtet er an Hedi Matzdorf: »Ich habe einen sehr wichtigen Plan, der das ganze geistige Leben Deutschlands entscheidend verändern kann.« Damit ist wahrscheinlich die Gründung einer Freien Akademie gemeint, der eine Aufgabe übertragen werden sollte, die von den Universitäten, wie er aus eigener Erfahrung weiß, nicht erfüllt wird: die Verbindung der Lehre mit der Praxis.

Rudolf Leonhard, der nach dem Ersten Weltkrieg seine politische Position als »links vom Parlament« bestimmt und in einem Artikel sagt, »daß der deutsche Politiker, auch wenn er ein Revolutionär zu sein glaubt, Viehhändler ist«, nimmt 1918 in Berlin aktiv an der Novemberrevolution und 1920 an der Niederschlagung des Kapp-Putsches teil. In diesen Tagen schreibt er »in einer Woche mehr Flugblätter als Gedichte in einem Jahr«. Am 8. November 1918 spielt ihm der Journalist August Hermann Zeiz den Aufmarschplan des Generalstabs in die Hände, der sich gegen die bewaffneten Berliner Arbeiter richtet. Er gibt ihn an den Spartakusbund weiter. Bereits am 18. November erscheint in der von Karl Liebknecht und Rosa Luxemburg redigierten *Roten Fahne* seine leidenschaftliche Verteidigung der Revolution, die sich gegen die Verleumdung des Spartakusbundes durch den rechten SPD-Flügel wendet: »Indem man die Spartakus-Richtung zu meucheln sucht, will man die proletarische Revolution selbst ins Herz treffen! Aber das Spiel wird vorbeigelingen. Wir lassen uns nicht mundtot machen. Mögen sich unklare Schichten der Arbeiter oder Soldaten momentan noch gegen uns aufstacheln lassen. Mag uns eine momentane Wiederkehr der gegenrevolutionären Sturzwelle wieder in Kasematten sperren, die wir eben erst verlassen haben; – der eherne Gang der Revolution läßt sich nicht aufhalten. Wir werden unsere Stimme laut erschallen lassen, die Massen werden uns verstehen, und dann werden sie sich um so ungestümer gegen die Hetzer und Fabrikanten der Pogromgerüchte wenden. Nicht über Marställe, Bäckerläden und furchtsame Philister wird dann der Sturm brechen, sondern Euch wird er hinwegfegen, Ihr gestrige Kumpane der bürgerlichen Reaktion und des Prinzen Max, Ihr Schutztruppen der kapitalistischen Ausbeutung, Ihr lauernde Vorposten der Gegenrevolution, Ihr Wölfe im Schafspelz!«

Am 24. Dezember 1919 druckt die *Rote Fahne* Rudolf Leonhards Sonett »An Spartakus!«. Die *Spartakussonette* (1921), gewidmet »der russischen Sowjet-Republik, der Dritten Internationale, dem deutschen Proletariat«, drücken seine in eine unbestimmte Zukunft verlagerte, aber ungebrochene revolutionäre Zuversicht nach der gescheiterten Revolution aus; mit ihnen verläßt er seine Klasse endgültig. »Unter all den Jünglingen aus bürgerlichem Haus, die um 1910 mit der Bürgerwelt zu brechen meinten, wenn sie den Geist ekstatisch zur Tat riefen«, resümiert Franz Leschnitzer, war Rudolf Leonhard »einer der redlichsten, klarsten, konkretest denkenden, weitest blickenden«.

Nach 1918 schlägt er sich in Berlin als freier Schriftsteller durch. Als enger Vertrauter von Carl von Ossietzky, Kurt Tucholsky und Helmut von Gerlach verfügt er über gute Beziehungen zur Presse. Die unzähligen Artikel aus dieser Zeit bezeugen sein universelles Interesse; er schreibt über Trotzki und Wilhelm II., über Georg Kaiser, Fritz von Unruh und Filippo Tommaso Marinetti, über Erich von Stroheim und Fritz Kortner, über Kandinskys Malerei und Breughels Graphik, über die choreographischen Neuerungen des Tänzers Nijinsky, über proletarisches Theater und proletarische Körperkultur, über den juristischen Begriff ›Familie‹ usw. Vortragsabende, die unter dem Thema »Nie wieder Krieg!« stehen, werden polizeilich verfolgt und schon bald verboten.

Karl Heinz Martin lädt ihn ein, sich an der Gründung und

Leitung eines politischen Theaters in Berlin zu beteiligen, und er sagt »mit Freuden« zu. (An der Theaterarbeit sind auch ein Mädchen namens Susanne, mit dem er kurze Zeit verheiratet ist, und der junge, gefeierte Schauspieler Hans Rosenberg beteiligt, der sich im sowjetischen Exil und in der DDR Rodenberg nennen wird.) *Die Tribüne* beginnt mit zwei kleinen Stücken von Walter Hasenclever, danach inszeniert Fritz Kortner das Antikriegsdrama *Die Wandlung* (1919) von Ernst Toller, der als ehemaliger Vorsitzender des Revolutionären Zentralrats der bayrischen Räterepublik im Gefängnis sitzt. Die Premiere wird ein großer Erfolg. »Das Publikum war durch die Gefühlsqualitäten des Stücks, durch den Ausdruck seiner eignen Qualen, das es in ihm fand, und durch die Heftigkeit der Aufführung aufs tiefste aufgewühlt«, berichtet Rudolf Leonhard in »Über die Anfänge des politischen Theaters in Deutschland« (nach 1950). Es kommt zu ideologischen Konflikten über Schauspielerdemokratie, Besetzungsfragen und die politische Linie des Theaters; Karl Heinz Martin und Rudolf Leonhard verlassen *Die Tribüne* und rufen ein Proletarisches Theater ins Leben, dem schnell eine zweite Gründung folgt, an der auch »ein geradezu gymnasiastenhaft junger Mensch« beteiligt ist, der soeben aus Königsberg eintrifft, wo er das Theater *Das Tribunal* zu einer »hervorragenden und ehrenvollen Pleite« geführt hat – er heißt Erwin Piscator.

Im Sommer 1920, den er im Ostseebad Ahrenshoop verbringt, schleudert er das die Nationalitätenfrage und die Jugendbewegung, den Expressionismus und den Aktivismus der Tat lebhaft diskutierende Pamphlet *Die Ewigkeit dieser Zeit* (1924) aus sich heraus, »eine Rhapsodie gegen Europa«, wie der Untertitel lautet, und ein untrügliches Anzeichen für seine wachsende Unzufriedenheit mit dem Zustand der Weimarer Republik. Überdruß am Literaturbetrieb, politische, literarische und persönliche Enttäuschungen treiben ihn schließlich im Frühjahr 1922 nach Italien; mit dem Manuskript des Gedichtbandes *Die Insel* (1923), das er auf Capri beginnt, kehrt er nach Berlin zurück. Anschließend arbeitet er als Lektor im Verlag Die Schmiede.

In diesem Verlag, der von 1922 bis 1925 besteht, erscheinen Franz Kafkas Erzählung *Der Hungerkünstler* (1924), die ersten Bände von Marcel Prousts *Auf der Suche nach der verlorenen Zeit* (unter den Übersetzern befindet sich Walter Benjamin), deutsche Erstausgaben von Balzacs *Menschlicher Komödie.* 1924 begründet er hier die berühmt gewordene Buchreihe *Außenseiter der Gesellschaft. Die Verbrechen der Gegenwart,* in der bekannte Autoren, unter ihnen Alfred Döblin, Egon Erwin Kisch, Ernst Weiß, Yvan Goll, Theodor Lessing, Arthur Holitscher, Franz Theodor Csokor und Hermann Ungar, nach dem Vorbild Pitavals über sensationelle Kriminalfälle schreiben; der Akzent liegt auf der Aufdeckung gesellschaftlicher Hintergründe. Während die Juristen Rudolf Leonhard und Kurt Tucholsky über Aktionen beraten, wie Schriftsteller gegen die gerichtliche Verfolgung revolutionärer Schriften geschützt werden können, bricht der Verlag Die Schmiede zusammen; Kurt Tucholsky kommentiert die Tätigkeit seines Freundes in einem Brief von 1929 mit den Worten: »die Ihre Arbeit nie verdient hat«.

Mit einem halben Dutzend Drehbüchern, beispielsweise einer Variante auf den Don Quijote-Stoff, versucht er sich im aufblühenden Medium Film, der »neuen dynamischen Volkskunst«, ohne einen nennenswerten Erfolg zu erringen.

Nachhaltigen Erfolg hat er mit dem Schauspiel *Segel am Horizont* (gedruckt 1925), das am 14. März 1925 an der Berliner Volksbühne (Inszenierung Erwin Piscator) mit Gerda Müller, Gerhard Ritter und Aribert Wäscher in den Hauptrollen uraufgeführt wird. (Der Titel stammt von Georg Kaiser, der Rudolf Leonhards Vorschlag *Towarischtsch* nicht für publikumswirksam hält.) Angeregt wird das Stück durch eine Zeitungsmeldung vom 7. November 1924: »Das russische Schiff ›Towarischtsch‹ hat den englischen Hafen Port Talbot auf der Reise nach Leningrad verlassen. Es steht unter dem Kommando einer Frau Dialtschenski, die als einzige Frau an Bord eine Mannschaft von 60 Männern kommandiert. Auf der Reise nach England wurde das Schiff von einem Manne geführt, der indessen während des Aufenthalts im

Hafen spurlos verschwunden ist. Die Mannschaft wählte darauf die ›Kameradin‹ zu ihrem Oberhaupt.« Rudolf Leonhard unternimmt in *Segel am Horizont* als erster deutscher Dramatiker den Versuch, Probleme des jungen Sowjetstaates, wie die Bedeutung des Kollektivs und die Herausbildung einer sozialistischen Moral, zu gestalten. Angela, der weibliche Kapitän, der »Brunst der vielen nach der einen« ausgeliefert, faßt die Intention des Stücks so zusammen: »Ob Genossenschaft sein kann zwischen Mann und Weib, ob Genossenschaft sein kann zwischen Mensch und Mensch.« Ernst Heilborn bringt sie auf die Formel: »Ein Schiff in voller Gedanken-Takelage und mit dem Kurs auf Ideeland.«

1925 schließen sich vierundzwanzig Schriftsteller zur *Gruppe 1925* zusammen. Zu den Gründungsmitgliedern gehören unter anderen: Johannes R. Becher, Ernst Blaß, Alfred Döblin, Albert Ehrenstein, Walter Hasenclever, Hermann Kasack, Klabund, Joseph Roth, Ernst Toller, Hermann Ungar, Alfred Wolfenstein und Rudolf Leonhard, der zu ihrem Sekretär gewählt und von Alfred Döblin in einem Brief an Johannes R. Becher (22. Mai 1951) als Gründer bezeichnet wird. Später wächst die *Gruppe 1925* auf »etwa fünfzig« Mitglieder an, wie Hermann Kasack berichtet; Bertolt Brecht, Ernst Bloch, Georg Kaiser, Oskar Loerke, Walter Mehring kommen hinzu. Die »kleine linksradikale Gruppe« (Alfred Döblin) trifft sich in einem Café in der Motzstraße, bei Fritz Sternberg am Bülow-Platz, »der uns sehr sicher und autoritativ seine Theorien über die Lehren von Karl Marx entwickelte« (Alfred Döblin), und bei Brecht am U-Bahnhof Knie. 1926 tritt die *Gruppe 1925* mit einem Manifest an die Öffentlichkeit, das am 15. Februar in der *Welt am Abend*, am 26. Februar in der *Literarischen Welt* und am 2. März in der *Roten Fahne* erscheint: »Die ›Gruppe‹ sammelt um sich Schriftsteller von Belang, die mit der geistesrevolutionären Bewegung unserer Zeit verbunden sind, dies in ihrer Haltung zu Staat und Gesellschaft bekunden und dokumentieren in Arbeiten auf künstlerischem, essayistischem, kritischem, allgemeinwissenschaftlichem

Gebiet.« Nach innen soll erreicht werden, die Schriftsteller aus ihrer Isolierung zu befreien und durch den Zusammenschluß zu fördern und zu stärken; nach außen wird »das endliche Hervortreten einer Repräsentanz dieser modernen geistesradikalen Bewegung« angestrebt. Als sich gegen Johannes R. Bechers romanhaften Bericht *Levisite oder Der einzig gerechte Krieg* (1926), eine aufrüttelnde Vision des Gaskrieges, der Prozeß »wegen Vorbereitung zum Hochverrat« abzeichnet, protestiert Rudolf Leonhard im Namen der *Gruppe 1925*: »Wir verlangen, daß man in Deutschland für seine Überzeugung nicht nur sterben, sondern auch leben darf.«

1927 gerät er in eine tiefe Krise. Das sich ankündigende Auseinanderbrechen der *Gruppe 1925*, das sich Ende des Jahres vollzieht, der Heckenschützenkrieg der Literatencliquen in der »Arrivistenstadt« Berlin, die von ihren Repräsentanten weder gewollte noch gebilligte Republik und materielle Schwierigkeiten machen ihm das Leben in Berlin und in Deutschland überhaupt unerträglich. Die Lage scheint aussichtslos zu sein; da erreicht ihn eine Einladung Walter Hasenclevers nach Paris, der wegen seiner Auseinandersetzungen mit der Kriegszensur und des nicht folgenlos gebliebenen Bekenntnisses für Karl Liebknecht in dem Gedicht »Die Mörder sitzen in der Oper« 1925 Dresden verlassen hatte. Er folgt ihr nur allzu gern, nicht ahnend, daß sich daraus ein vierundzwanzigjähriger Aufenthalt in Frankreich ergeben wird, der die schwersten Jahre seines Lebens einschließt.

In der neuen Umgebung entfaltet er sofort eine große schöpferische Vitalität. Neben Hermann Kesser, Friedrich Wolf und anderen reiht er sich in die Phalanx der frühen Hörspielautoren ein, zwischen 1927 und 1932 werden *Stierkampf*, *Wettlauf* und *Krise* gesendet; für *Orpheus*, sein bedeutendstes Hörspiel, das von der Reichsrundfunkgesellschaft (Sendebezirk Frankfurt am Main) am 30. April 1929 urgesendet wird und das er selber nie gehört hat, erhält er den ersten deutschen Hörspielpreis und ein Sonderhonorar von dreitausend Mark. 1928 entsteht die von Kurt Tucholsky hochgelobte Komödie *Anonyme Briefe*, eine schonungslose Moralkritik am Bürgertum der zwanziger Jahre, die mit Carl Sternheims Komödien-Zyklus *Aus dem bürgerlichen Heldenleben* (beginnend 1911 mit *Die Hose*) verglichen werden kann. Die von ihm 1929 edierten *Ausgewählten Schriften* Georg Forsters schärfen das Bewußtsein für den damals beinahe vergessenen Gelehrten und Politiker neu, der 1793 als Parlamentär des rheinisch-deutschen Nationalkonvents nach Paris gekommen war, um der Nationalversammlung die Konföderierung der Mainzer Republik mit der Französischen Republik vorzuschlagen, und, da Mainz von preußischen Truppen zurückerobert wird, bis zu seinem Tod 1794 als politischer Flüchtling in Paris lebte. In Rudolf Leonhards Essay *Das Leben Georg Forsters* steht ein Satz, der aus einer Laudatio auf den Verfasser entnommen sein könnte: »Unsrer lautersten Geister, unsrer besten Publizisten einer, der viel gelitten und viel getan hat, der Mann des Volksglücks, der Volksmann Georg Forster.« Noch vor dem vielzitierten Rundfunkdisput zwischen Gottfried Benn und Johannes R. Becher vom 6. März 1930, in dem Benn die Position der »Dichtung an sich« vertritt und Becher der »Tendenzdichtung« das Wort redet, findet am 8. Dezember 1929, ausgestrahlt vom Sender Köln, ein Radio-Dialog zwischen Rudolf Leonhard und Walter Hasenclever über poetologische Fragen im technischen Zeitalter statt. 1931/32 schreibt er die satirische Komödie *Führer & Co*, die die politische Entwicklung in Deutschland tendenziell voraussieht. Von der Sorge um den gefährdeten Frieden und der Notwendigkeit einer Aussöhnung zwischen Deutschland und Frankreich sind auch die, nach André Wurmser, in einem absolut korrekten Französisch geschriebenen Essays *Comment organiser la collaboration franco-allemande?* (1930), *L'Allemagne et la Paix* (1932) und *De l'Allemagne* (1933) geprägt; der letztere leiht seinen Titel bewußt von Madame de Staëls gleichnamigem, in Berlin und Weimar entstandenem und bei seinem Erscheinen 1810 von Napoleon verbotenem Buch.

Rudolf Leonhard, dessen hohe sprachliche Musikalität hervorgehoben worden ist, der über das Wortspiel die Etymologie der Wörter sinnlich erfahrbar gemacht hat (»Sie schrein die letzte Losung los: / Werwolf! / Sie schärfen die letzte Meute ein: / Wer, Wolf? / Wessen Wolf / soll der Werwolf sein?«), der nach der Rückkehr aus der Emigration in »kleinen Lektionen zur Sprachverwilderung«, wie Victor Klemperer in *LTI* (1947), zur Entnazifizierung der deutschen Sprache beitragen und sein Referat auf dem I. Deutschen Schriftstellerkongreß 1947 in Berlin unter das Diktum »Wer falsch spricht, denkt falsch« stellen wird, hat bereits 1932 in *Das Wort. Versuch eines sinnlichen Wörterbuchs der deutschen Sprache*, das im Anhang auch dreizehn französische Wörter untersucht, das Abenteuer gewagt, »hinter das Geheimnis des Klangleibes der Wörter zu kommen«, wie Richard Drews sagt, und »tiefsinnige Deutungen des Phonetischen« vorgelegt. Ein Beispiel für die von ihm verfolgte Absicht, die sich über philologische Schlüsse hinwegsetzt und rein »klanglogisch« bestimmt ist, liefert die interpretatorische Phantasie, die er unter dem Stichwort »Weib« notiert: »Weib ist ein ganz einfaches, sehr klares, sehr festes, geschlossenes Wort für die menschliche Ursubstanz. Es ist bis auf einen Buchstaben mit dem ›Leib‹ identisch – der nur durch das L stärker abgeschlossen, aus dem Raume gehoben, gerundet und skulpturiert wird. Das W in ›Weib‹ dagegen legt die Substanz breit hin, das Ei – ist dieser Laut ein Zufall? – wird vom weichen W und B kaum gehalten, nur gerichtet: in die Weite, in die Ewigkeit. In der Tat klingt ja auch ›weit‹ ähnlich wie ›Weib‹, nur zögert es im langen fallenden T und sinkt ab, es dehnt sich stärker, bis unter das T von ›Horizont‹. Auch ›weich‹ lautet ähnlich wie ›Weib‹, das ja selbst ein weiches Wort ist; aber das Ch, das vorwirkend das Ei sozusagen einbeult, gibt diesem Wort eine Aufdrehung, einen koketten, nach oben auslaufenden Zurückhalt, der bei der Tendenz des Ch zur harten Gaumenhaftigkeit sogar ein Stachel und beinahe tückisch werden kann.« Als James Joyce dieses Buch kennenlernt, ist er von Rudolf Leonhards Methode so fasziniert, daß er ihn über Yvan Goll auffordern läßt, an der deutschen Übertragung von *Work in progress* mitzuarbeiten, und tatsächlich übersetzt er, zusammen mit Yvan Goll, ein Kapitel aus *Anna Livia Plurabella*, wobei, wie er sich erinnert, der ratloseste Irrläufer in seinem eigenen Labyrinth der Neologismen und verballhornten Dialektvarianten James Joyce selber war.

Es ist ein Zufall, daß *De l'Allemagne* ausgerechnet an jenem 27. Februar 1933 ausgeliefert wird, dem Tag des Reichstagsbrandes, an dem der Exodus der deutschen Schriftsteller seinen Anfang nimmt. Rudolf Leonhard, der die Zuspitzung der politischen Lage in Deutschland aufmerksam verfolgt hat und mit zahlreichen Politikern der französischen Linken sowie mit bekannten Schriftstellern wie Romain Rolland, Roger Martin du Gard, André Gide und Louis Aragon befreundet ist, stellt seine Verbindungen unverzüglich in den Dienst der nun beginnenden antifaschistischen Arbeit; sie wird ihm den nom d'honneur »Mutter der Emigration« eintragen.

Er organisiert den *Schutzverband Deutscher Schriftsteller im Exil*, wird Präsident der Pariser Sektion und leitet deren wöchentlichen Zusammenkünfte im Keller des Café »Mephisto« am Boulevard Saint-Germain; er vertritt die deutsche Emigration im Internationalen Hilfskomitee für die Opfer des Hitlerfaschismus und ist Mitglied des Hilfskomitees für Spanien; er gehört dem vorbereitenden Ausschuß zur Schaffung einer deutschen Volksfront an, der die Weltöffentlichkeit über den Faschismus und den Kulturterror in Deutschland aufklärt, übernimmt den Vorsitz und hält in Paris und anderen französischen Städten Vorträge in den Freundschaftskreisen der Volksfront, die ab 1937 im ganzen Land entstehen; er vermittelt emigrierte Kollegen an französische Verlage und Zeitschriften, fördert den Plan für eine deutschsprachige Monatsschrift, die er bereits 1933 zusammen mit Maximilian Scheer unter dem Namen *Aktion / l'Action* gründet, sie scheitert nach kurzer Zeit an den französischen Geldgebern, die das Blatt verkaufen; er regt den Freiheitssender für Deutschland an, der ebenfalls nur kurz besteht, und spricht über ihn; er macht sich zum publizistischen Fürsprecher Georgi Dimitroffs und

Ernst Thälmanns; er ist am Aufbau einer Deutschen Freiheitsbibliothek beteiligt; er redet zum »Tag der Verbrennung des fortschrittlichen Buches in Deutschland«, auf der Pariser Weltausstellung von 1937, die in einer Sonderschau »Das deutsche Buch in Paris 1837–1937 zeigt«, und auf der vom 4.–27. November 1938 in Paris stattfindenden Deutschen Kulturwoche. Die Parole »Gesicht nach Deutschland« hat keiner so aufopferungsvoll mit Leben erfüllt wie Rudolf Leonhard; die Nazis bürgern ihn »mit gutem Grund« aus. Am 7. Oktober 1935 schreibt George Grosz: »Gespenstig und verwahrlost sah ich einen Herrn Leonhard, Rudolf.«

Neben der politischen Arbeit geht die literarische weiter. Der Aufsatz »Confiance en Hitler?« (1934) und das Bändchen *Gedichte* (1936), das, getarnt als Reclamband Nr. 7248, nach Deutschland geschmuggelt wird, beweisen, wie stark er alles, was er in diesen Jahren schreibt, dem antifaschistischen Kampf dienstbar macht. Dazu ist auch die aufrüttelnde, in viele Sprachen übersetzte Kurzgeschichte »Das jüdische Kind« zu rechnen, eine psychologische Entlarvung faschistischer Menschenverachtung: Der neunjährige Jakob wird von seinem Lehrer, einem SA-Sturmführer, gezwungen, ein Lied »fest mitzusingen«, das mit dem Refrain endet: »Wenn das Judenblut vom Messer spritzt, / dann geht's noch mal so gut.« Die Eltern erreichen durch ein ärztliches Attest, daß Jakob vom Singen befreit wird. Nun zwingt ihn der Lehrer, dem Gesang stumm beizuwohnen; die Verse des Refrains haken sich wie Messerstiche in Jakob fest, er ißt nichts mehr, magert ab, erkrankt. Die Familie verläßt Deutschland, doch Jakob kann jenes Lied nicht vergessen; Nacht für Nacht richtet er sich im Schlaf in seinem Bett auf und singt eine Stunde und länger mit hoher, gläserner Stimme: »Wenn das Judenblut vom Messer spritzt, / dann geht's noch mal so gut.« Der Arzt stellt »einen ganz außerordentlich seltnen Fall« von Geistesgestörtheit fest.

Von dem Plan eines Braunbuches über den Faschismus berichtet Maximilian Scheer: »Es spricht für den Ernst, mit dem er, der gern und herzlich lachte, an seine Arbeit heranging, daß er zu der Auffassung kam, sein Wissen um den Nazismus sei für den Kampf, den er zu führen entschlossen war, nicht ausreichend. Gewiß wußte er in großen Zügen Bescheid. Aber er war ein Mann der Genauigkeit in Einzelheiten. Er wollte genau wissen: Wie arbeitete der Feind? Was schrieb er? Was propagierte er? Was tat er? Wie fälschte er? Aus einer Reihe von Gesprächen entstand unser beider Plan, gemeinsam ein Buch, eine Bestandsaufnahme des Nazismus zu machen und dazu Zitate aus Büchern, Broschüren, Zeitschriften, Zeitungen und meiner täglichen Ausgabe der Presseagentur Inpress zu verwenden. Wir arbeiteten täglich mehrere Stunden zusammen und gaben dem Manuskript den Titel *Haussuchung bei Hitler*. Es war bewundernswert, mit welcher Methodik und Ausdauer Rudolf Leonhard die miserabel geschriebenen, unheilvollen Ramschwerke geradezu studierte.«

Als *Führer & Co* 1936, fünf Jahre nach der Entstehung, in Paris endlich einen Verleger gefunden hat, rezensiert Walter A. Berendsohn die Komödie in der in Moskau erscheinenden Zeitschrift *Das Wort* (4/1936). Gleich in der einleitenden Bemerkung weist er auf die entscheidende Schwäche des Stückes hin: »Der Titel dieser politischen Komödie in 5 Akten ist irreführend. Die Satire zielt weder auf Adolf Hitler noch auf Benito Mussolini, sondern auf Monarchisten kleinen Kalibers, auf ehrgeizige Professoren, Redakteure, Offiziere, auf die üblichen ›Nationalisten‹, die davon leben, in monarchistischer Bewegung zu machen.« Im Hinblick auf den Spanischen Bürgerkrieg fährt er fort: »Nicht alle Nationalisten unserer Zeit sind solche Narren, wie sie Leonhard zeichnet. Sie sind Fanatiker, die ganze Völker aufs Spiel setzen für ihre blutigen Großmachtphantasien ... Gegenüber solchen Gegnern aber erscheint dies heitere Spiel als gar zu leichtes Geschütz, als ein kunstvolles Puppentheater.« Mit der »Allgewalt der internationalen Rüstungsindustrie« treffe die Darstellung jedoch ins Schwarze. Berendsohns Kritik beweist aber auch, daß Rudolf Leonhards Werk in der antifaschistischen Bewährungsprobe, beispielsweise im Vergleich von *Führer & Co* mit der Erzählung »Das jüdische Kind«, an psychologischer Differenziertheit und politischer Klarheit erheblich gewinnt.

Am 21. Juni 1935 wird in der Pariser Mutualité der I. Internationale Schriftstellerkongreß zur Verteidigung der Kultur eröffnet, an dem 250 Delegierte aus siebenunddreißig Nationen teilnehmen. Als Heinrich Mann den Saal betritt, erheben sich die Anwesenden zum Zeichen ihrer Hochachtung von den Plätzen. Am dritten Tag des Kongresses überbringt ein Mann, dessen Gesicht hinter einer Maske verborgen ist, Grüße von deutschen Kollegen, die ihren Kampf unter schwierigsten Bedingungen in Deutschland fortsetzen. Es ist der tapfere Jan Petersen, Leiter der illegalen Berliner Gruppe des Bundes proletarisch-revolutionärer Schriftsteller, der zu den zirka zwanzig deutschen Delegierten gehört und nach der Überbringung seiner Grußadresse, die von André Gide französisch verlesen wird, nach Berlin zurückkehren will: Ein Telegramm warnt ihn. Außer Heinrich Mann, Bertolt Brecht, Johannes R. Becher und Hans Marchwitza spricht auch Rudolf Leonhard. Er verkündet die Stiftung des Heinrich-Heine-Preises des *Schutzverbandes Deutscher Schriftsteller im Exil*, der 1936 an H. W. Katz für den Roman *Die Fischmanns* verliehen wird. (Die Preisverleihung findet am 10. Mai 1937 statt, dem Tag der Bücherverbrennung in Hitler-Deutschland.) 1938 erhält ihn Henryk Keisch für den Gedichtband *Das Leben kein Traum*, dessen Manuskript während des Krieges verlorengeht.

In der zweiten Hälfte der dreißiger Jahre geraten, abgesehen davon, daß Rudolf Leonhard selber wiederholt inhaftiert ist, mehrere Mitglieder der Familie Leonhard in tragische Situationen, von deren Ausmaß er erst bedeutend später und zumindest in einem Fall nie in vollem Umfang erfährt: Seine Mutter wird ins Konzentrationslager verschleppt und dort umgebracht; aus dem nach 1945 entstandenen Gedicht »Mutter« geht hervor, daß er sie wahrscheinlich in Theresienstadt vermutet hat. Für Susanne Leonhard, seine ehemalige Frau, und für ihren gemeinsamen

Sohn Wolfgang bedeuten die kommenden Ereignisse eine vollständige Änderung ihres Lebens. Sie sollen hier nicht unerwähnt bleiben, da sie in allen bisherigen Abhandlungen über Rudolf Leonhard übergangen worden sind.

Susanne Leonhard schließt sich 1916 als Studentin der Karl-Liebknecht-Gruppe an und tritt dem Spartakusbund bei; 1918 verbüßt sie unter Anklage des »versuchten Hochverrats« eine Gefängnisstrafe. Ende 1925 trennt sie sich wegen ideologischer Differenzen von der KPD, der sie seit ihrer Gründung am 31. Dezember 1918 angehört hat. Nach der Machtergreifung Hitlers stellt sie jedoch alle Bedenken zurück und arbeitet als Propagandistin und Kurierin wieder in der – jetzt illegalen – KPD. Am Morgen nach der Reichstagsbrandnacht findet bei ihr eine Haussuchung statt; sie faßt den Entschluß, wenigstens ihren Sohn in Sicherheit zu bringen und ihn auf eine Schule ins Ausland zu schicken. Da für Kinder deutscher Staatsangehöriger bei der Ausreise aus Deutschland die schriftliche Einwilligung des Vaters vorgelegt werden muß, den sie nicht erreichen kann, kommt ihr die vor Jahren geschlossene »Dokumentenehe« mit M. Bronski, dem damaligen sowjetischen Botschafter in Wien, zugute, obwohl diese Ehe inzwischen annulliert worden ist und sie wieder die preußische Staatsangehörigkeit besitzt. Mit einem sowjetischen Paß, ausgestellt vom sowjetischen Konsulat in Berlin, verläßt der zwölfjährige Wolfgang Leonhard Deutschland als »Ausländer« und reist nach Schweden, wo er in Viggbyholm bei Stockholm das Gymnasium bezieht. Susanne Leonhard besucht ihn am 27. März 1935. Am Abend vor ihrer Rückreise treffen zwei Telegramme aus Zürich und Paris ein, in denen sie von Freunden gewarnt wird; ein erklärender Brief folgt: Ihre illegale Berliner Gruppe ist aufgeflogen; eine Stunde, nachdem sie die Wohnung verlassen hatte, war die Gestapo mit einem Haftbefehl erschienen. Sie kehrt nicht nach Berlin zurück. Die Aufenthaltsgenehmigung für Schweden ist nur kurz befristet, die Bewilligung einer Arbeitsgenehmigung erst recht aussichtslos. Sie überlegt, ob sie nach England oder in die Sowjetunion emigrieren soll;

der Wunsch Wolfgangs gibt den Ausschlag: Am 19. Juni 1935 begeben sie sich, nach Vermittlung von Aleksandra Kollontaj, der sowjetischen Gesandtin in Stockholm, auf die Reise nach Moskau. Wolfgang geht in die deutschsprachige Karl-Liebknecht-Schule und wird, wegen der schlechten Moskauer Wohnverhältnisse, im Kinderheim Nr. 6 untergebracht; Susanne Leonhard findet ein winziges Zimmer in der Nähe des Nikitski-Tores. Sie besuchen sich regelmäßig; eines Tages steht Wolfgang vor der versiegelten Wohnungstür seiner Mutter.

Am 26. Oktober 1936 wird Susanne Leonhard, obwohl die Stalinsche Verfassung nach § 219 allen, die »wegen Verfechtung der Interessen der Werktätigen verfolgt werden«, Asylrecht gewährt, von der NKWD, dem Volkskommissariat für Innere Angelegenheiten, unter der Anschuldigung, als »trotzkistischer Sonderkurier« in die Sowjetunion eingeschleust worden zu sein, in Moskau verhaftet und zu fünf Jahren Zwangsarbeitslager verurteilt; nach dem Überfall Hitlers auf die Sowjetunion vom 22. Juni 1941 erhöht sich das Strafmaß noch durch den nun herrschenden Kriegszustand. (Als Denunzianten gibt sie den inzwischen ebenfalls in Moskau im Exil lebenden Hans Rodenberg an, mit dem sie seit ihrer Tätigkeit am Theater *Die Tribüne* in Berlin befreundet ist und der sie als Agent provocateur beim NKWD, für den er arbeite, angezeigt habe. Nach 1945 ist Rodenberg in der DDR Direktor der staatlichen Filmgesellschaft DEFA.)

»Ich kam«, schreibt Susanne Leonhard, »nach dem Stromgebiet der Petschora im westuralischen Polarkreis (Ssowchos Kotschmess und Invalidenlagpunkt Adak an der Ussa) und wurde dort neuneinhalb Jahre als Gefangene im Lager festgehalten. Anschließend wurde ich nach Sibirien (Altaier Gau) verbannt.« Im August 1948 kehrt sie nach (Ost-)Berlin zurück; vorübergehend ist sie als Lektorin im Verlag Kultur und Fortschritt beschäftigt, dem Verlag für sowjetische Literatur, in dem zu dieser Zeit die deutsche Übersetzung von Wassili Aschajews Roman *Fern von Moskau* (russisch 1948, deutsch 1950) vorbereitet wird, »der eindrucksvoll das Heldentum der Arbeiter darstellt, die während des

Krieges eine wichtige Erdölleitung im Fernen Osten bauen«, wie die Jenenser Slawistin Ingrid Schäfer 1977 ergründet hat; allerdings ist ihr entgangen, daß sich unter den Arbeitern auch der Autor befand: als Lagerinsasse.

Wolfgang Leonhard erlebt die »Säuberungen« von 1936/38 im Kinderheim Nr. 6, wird nach Karaganda zwangsumgesiedelt und fliegt am 30. April 1945 mit der »Gruppe Ulbricht« nach Berlin. Als Stalin 1948 den besonderen Weg Jugoslawiens zum Sozialismus kritisiert, der eine den Bedingungen dieses Landes angepaßte »national-kommunistische« Staats- und Gesellschaftsordnung anstrebt, und die Kommunistische Partei Jugoslawiens auffordert, »ihre Fehler offen und ehrlich einzugestehen«, worauf das Zentralkomitee erwidert, daß es nicht bereit sei, »auf der Grundlage von Erfindungen« zu diskutieren, kommt es zum Bruch mit dem Kominform, dem Kommunistischen Informationsbüro unter der Führung der KPdSU. In der Sowjetischen Besatzungszone wird eine beispiellose Kampagne gegen die sogenannte »Tito-Clique« entfesselt. Wolfgang Leonhard, der Jugoslawien aus eigener Anschauung kennt, schwört nach einer langen Kette von Zweifeln dem Stalinismus in diesen Tagen endgültig ab; am 12. März 1949 flieht er, Mitglied des Zentralsekretariats der SED und Dozent der Parteihochschule »Karl Marx«, nach Belgrad.

Susanne Leonhard hat ihr Schicksal als politische Emigrantin in der Sowjetunion in dem erschütternden Bericht *Gestohlenes Leben* (Frankfurt am Main 1956) geschildert, in dem sie sich auch mehrfach an Rudolf Leonhard erinnert. Wolfgang Leonhard beschreibt die Jahre zwischen 1935 und 1949 in seinem Buch *Die Revolution entläßt ihre Kinder* (Köln 1955); sein Vater wird von ihm nicht erwähnt. Nach Ausbruch des Zweiten Weltkrieges notiert Rudolf Leonhard im französischen Internierungslager Le Vernet: »Ich habe auch einen Sohn, / den sah ich erst einmal schon, / wir haben einander wohl nie vermißt, / ich weiß nicht, wo er ist.«

In seinem Aufsatz »Die gerettete Literatur« (1936) betont Rudolf Leonhard die Funktion der Exilliteratur als Kampfliteratur, die sich am täglichen Leben orientiere und somit einen Neubeginn der deutschen Literatur markiere. Diese Feststellung impliziert gleichzeitig sein Verständnis von literarischer Tradition, das, neben manchem anderen, naturgemäß auch jene Bewegung ins Kalkül zieht, die ihn geprägt hat: den Expressionismus. Als er sich 1938 mit dem Beitrag »Eine Epoche« an jener in der Zeitschrift *Das Wort* geführten Diskussion beteiligt, die als Expressionismus/Realismus-Debatte bekannt geworden ist, kollidiert er mit dem dogmatischen Standpunkt Alfred Kurellas, der im sowjetischen Exil den Parteinamen Bernhard Ziegler annimmt. Nachdem er dessen Analyse Gottfried Benns, der er inhaltlich vollkommen zustimmt, expressis verbis »meisterhaft« genannt und vor ihrer, wie er schreibt, »so offenherziger, so klarer, so aufrichtiger, so erschütternder Erschüttertheit« Kotau gemacht hat, setzt er sich mit Kurellas den Expressionismus ausschließenden Traditionsperspektive auseinander: »Und unsre heutige Literatur nicht an diese letzte – nur noch in Anführungszeichen ›bürgerliche‹ – Literatur anknüpfen zu wollen, sondern einen beliebigen Punkt in der verfallenden Entwicklung des 19. Jahrhunderts als Anknüpfungspunkt vorschlagen, wie es vor Bernhard Ziegler schon Bogdanow getan hat, ist der Verzicht auf eins der wichtigsten Ergebnisse gerade unserer Geschichtsbetrachtung: daß nämlich im vergreisenden Alten schon der Keim des Neuen, im Zerfall schon die Keime der neuen Gestaltung gegeben sind.« Besonders verweist er, und das trifft Kurella bis ins Mark, der nicht nur als Schriftsteller scheitern wird, sondern bereits auf eine Karriere als gescheiterter expressionistischer Maler zurückblicken kann, auf den »Expressionismus der bildenden Künste« mit seinen Impulsen für die industrielle Gebrauchskunst und das politische Plakat. (1937 hatte Rudolf Leonhard den Expressionismus als »damals vernünftig« bezeichnet, was von Georg Lukács mit der aphoristischen Bemerkung »So einfach ist die ›Vernunft der Geschichte‹ selbst bei Hegel nicht« zurückgewiesen worden war; 1948 wird er ihn im Vorwort zur Neuauflage des Gedichtbandes *Das nackte Leben* (1925) als »die einzige Möglichkeit für eine im wesentlichen aus dem Bürgertum kommende literarische Jugend« charakterisieren, »auf das ungeheure Ereignis des Weltkrieges« zu antworten.) In Heft 7/1938 der Zeitschrift *Das Wort* faßt Kurella die Ergebnisse der Diskussion in einem Schlußwort zusammen; es ist, zumindest in der Passage, in der er sich der Malerei zuwendet, ebenso banausisch wider besseres Wissen, wie es für die kulturpolitische Rolle signifikant ist, die er in der DDR spielen wird. Im Abschnitt »Expressionismus und Humanismus« heißt es: »Ich möchte einmal sehen, was Ernst Bloch und Rudolf Leonhard (die beide so besonders das humanistische Element des Expressionismus betonen) für Augen machen würden, wenn sich ihre Geliebte vor ihren Blicken in ein solches Noldesches oder Purmannsches Scheusal, in ein Kleesches Phantom oder ein Burljuksches Gespenst verwandelte oder sich nach Picassoscher Art in ihre Bestandteile auflöste?«

Alfred Kurella kehrt 1954 aus der Sowjetunion zurück und bekleidet in der DDR verschiedene Parteifunktionen. 1955 wird er Direktor (mit Professur und Lehrauftrag) des von ihm mitbegründeten Instituts für Literatur »Johannes R. Becher« in Leipzig, das nach dem Vorbild des Moskauer Gorki-Instituts für Weltliteratur um die Förderung des Schriftstellernachwuchses bemüht ist; von 1957 bis 1963 ist er Leiter der Kommission für Fragen der Kultur beim Politbüro der SED und anschließend Vizepräsident der Deutschen Akademie der Künste; er gehört dem Zentralkomitee der SED an. Kurellas Einfluß auf die Kulturpolitik der DDR ist verheerend; in den siebziger Jahren verliert er seine Ämter und wird auf das Altenteil abgeschoben.

Die Ressentiments gegen Rudolf Leonhard haben eine lange Wurzel. 1932 hatte Leonhard in der *Weltbühne* Kurellas antifaschistischen Reportageband *Mussolini ohne Maske* (1931) besprochen: »Das ist ein ausgezeichnetes Buch, weil es in klarer Übersicht eine Fülle von Tatsachen darlegt und mit temperamentvoller Genauigkeit verwickelte Situationen eindeutig schildert.« Für »fragwürdig in hohem Grade« hält er das Buch jedoch dort, wo es »nicht schildert, sondern prophezeit«: »Kurella hat in Italien natürlich nichts von der Arbeit und von der Organisation der Emigration gesehn; er kann also auch das merkwürdige und doch natürliche Phänomen nicht in Rechnung stellen, daß das Faktum der Emigration erheblich radikalisiert ... Für ihn steht es fest, daß in nächster Zeit in Italien die endgültige proletarische Revolution ausbrechen wird.« Gegen das im italienischen Volk vorherrschende und von Kurella wiedergegebene Gefühl, »nur ein Krieg könne der unlösbaren Situation ein Ende machen«, wendet er ein, der Autor habe es »in ein Vorstadium der Revolution – ›Krieg‹ ohne weiteres und ohne jeden Anlaß gleich ›Bürgerkrieg‹ setzend – umeskamotiert und von der fascistischen Kriegspropaganda so abgelöst«. Er gelangt zu dem Resümee, eine derartige Betrachtungsweise sei »nicht marxistisch«, sondern »abersinnig«. Kurella zahlt ihm diese Entgegnung, die sich schon bald als politisch richtig erweisen sollte, in der Diskussion von 1938 heim, zumal ihm der Rezensent auch konservativen Hegelianismus vorgeworfen hatte.

Im Laufe des Jahres 1936 gestalten sich für Rudolf Leonhard die materiellen Lebensbedingungen in Paris so schwierig, daß er sich nach Hyères, einem Winterkurort und Badeort nahe der Mittelmeerküste, zurückzieht; seine französische Frau Yvette Prost hält sie mit einem Mittagstisch über Wasser, den sie für Fremde einrichtet.

Als General Franco am 17. Juli 1936 von Spanisch-Marokko aus gegen die rechtmäßig gewählte Regierung Giral putscht und dadurch den Spanischen Bürgerkrieg auslöst, beschäftigt sich Rudolf Leonhard intensiv mit den politischen Verhältnissen in Spanien. Das Ergebnis seiner Studien liegt Ende Juli 1937 vor; es sind die dreiundzwanzig Novellen des Bandes *Der Tod des Don Quijote*, der 1938 in Zürich erscheint. (Eine Auswahl daraus publiziert der Moskauer Verlag Das internationale Buch 1939 unter dem Titel *El Hel. Wolf Wolff.*) Im Vorwort zur DDR-Ausgabe (1951) dieser »Geschichten aus dem Spanischen Freiheitskampf« betont Ludwig Renn, daß in ihnen »nicht nur der Kampf der

Volksmassen gegen Schwerindustrielle, Grundbesitzer, Bischöfe und ausländische Truppen dargestellt«, sondern auch »hinter die Kulissen des Faschismus geleuchtet« werde. Rudolf Leonhards Novellenband, der neben Eduard Claudius' Spanienroman *Grüne Oliven und nackte Berge* (1945) zu den großartigsten Leistungen zählt, mit denen die deutsche Literatur den Spanischen Bürgerkrieg literarisch gewürdigt hat, zeichnet sich abermals durch jene Haltung aus, die dem Autor zeit seines Lebens das Epitheton ornans der Redlichkeit einbringt: »Satirisch gefärbte Technik indirekter Entlarvung wechselt mit psychologisch genauerer Darstellung von Erfahrungen und Wandlungen der Kämpfenden auf beiden Seiten der Front« (Dieter Schiller).

Im August 1937 fährt er, nachdem er Anfang Juli am in Madrid, Valencia und Barcelona tagenden II. Internationalen Schriftstellerkongreß zur Verteidigung der Kultur teilgenommen hat, als Delegierter des französischen Comité d'Entre Aide »selber für einige Zeit hinunter an die spanische Front« (Stephan Hermlin); er hält sich ungefähr acht Wochen in Spanien auf und nimmt an den Kämpfen teil. Die *Spanischen Gedichte und Tagebuchblätter* (1938), gekennzeichnet vom unmittelbaren Erleben der Realität, sind sein zweiter Beitrag zur Literatur des »No pasarán!«.

Sobald es ihm die finanziellen Umstände ermöglichen, geht er nach Paris zurück. Erneut entfaltet er hier eine rege literarische, publizistische und politische Tätigkeit; auf der Generalversammlung des *Schutzverbandes Deutscher Schriftsteller im Exil*, die im Oktober 1937 im Café »Mephisto« stattfindet, wird er als Vorsitzender wiedergewählt.

1939 verschärfen sich die Drohungen aus Deutschland. Rudolf Leonhard spricht täglich im Deutschen Freiheitssender; in der Reichsausgabe der *Roten Fahne*, die im Juli 1939 illegal in Deutschland verbreitet wird, ruft das Zentralkomitee der illegalen KPD zur Verhinderung des Krieges und zum Sturz Hitlers auf. Am 30. August befiehlt Hitler den Angriff auf Polen, der am 1. September beginnt; am 3. September erklären Großbritannien und Frankreich nach kurzen Ultimaten, in denen sie den Rückzug der deutschen Truppen aus Polen fordern, dem Deutschen Reich den Krieg. In Frankreich werden daraufhin alle Ausländer deutscher Herkunft zwischen dem siebzehnten und fünfundsechzigsten Lebensjahr aufgefordert, sich registrieren zu lassen und an Sammelstellen einzufinden. Rudolf Leonhard, der sich nicht stellt, wird am 11. Oktober verhaftet und in das Pariser Stadion Roland-Gaross gebracht: »Paris sieht, umnachtet / und von einem Polizeiwagen aus / betrachtet, / ganz anders aus, / als man es kannte, / da noch die Seine für uns in tausend Reflexen brannte.« Der Kreuzweg durch die Internierungslager hat begonnen.

Die erste Station ist das Lager Le Vernet (Arriège) am Fuß der Pyrenäen, in das er am 12. Oktober eingeliefert wird; am 28. November 1940 erfolgt die Überführung in das Durchgangslager Les Milles bei Aix-en-Provence, in dem sich auch Lion Feuchtwanger befindet, der über seine Erlebnisse in *The Devil in France* (1941; deutsch unter den Titeln *Unholdes Frankreich* [1942] und *Der Teufel in Frankreich* [1954]) eindrucksvoll berichtet. In Les Milles nimmt sich am 21. Juni 1940 Rudolf Leonhards Freund Walter Hasenclever aus Furcht vor der näherrückenden Wehrmacht das Leben; es geschieht genauso, wie er es in seinem zwischen 1933 und 1939 entstandenen Roman *Irrtum und Leidenschaft* (1969) vorausschauend beschreibt: »Ich habe fünf Röllchen Veronal bei mir. Gutes, echtes Veronal. Für alle Fälle.« Die nächste Verlegung bringt ihn am 22. Mai 1941 zum zweiten Mal nach Le Vernet. Er flieht, wird aber von der französischen Polizei im Kohlenbunker eines für Martinique bestimmten Schiffes kurz vor dem Auslaufen entdeckt: »Das hat nur an zehn Minuten gehangen, / an einer Rast, / das Schiff wäre mit mir abgegangen, / sie hätten mich nicht noch einmal gefaßt. // (. . .) Wenn ich nicht etwa, nach Abenteuern, / in andern Ländern von ungefähr / mit andern Fiebern, bei andern Feuern / in einem andern Gefängnis wär.« Die Prophetie dieses Verses erfüllt sich, als er am 18. Dezember 1941 in das Gefängnis von Castres eingewiesen wird. Im November 1942 werden alle Gefängnisse und Lager im besetzten Teil Frankreichs der deutschen Militärverwaltung unterstellt. Da

Castres das zentrale Auslieferungsgefängnis an die Gestapo ist, unternimmt er am 10. September 1943 (eine andere Quelle legt sich auf den 22. fest) zusammen mit einigen Gefährten in letzter Stunde vor der Überstellung einen neuen Fluchtversuch, der gelingt. (Rudolf Breitscheid, einer der einflußreichsten Führer der SPD und 1918/19 preußischer Minister des Inneren, wird in Castres an die Gestapo übergeben und 1944 im Konzentrationslager Buchenwald ermordet; offiziell heißt es, er sei bei einem Luftangriff der Alliierten ums Leben gekommen.) Unterwegs trennt er sich von den Kameraden und setzt den Weg auf eigene Faust fort, wobei ihm sein blendendes Französisch, das er auch im Dialekt beherrscht, und »einige Wunder« helfen. Diese abenteuerliche Flucht bildet den Hintergrund für die kleine Erzählung »Mein literarisches Meisterstück«; gemeint ist ein Dialog, den er um das schiere Überleben führt. Während er in Abwesenheit zu einem Jahr Gefängnis verurteilt wird, findet er, ohne Geld und ohne Papiere herumirrend, für einige Tage in einem Kloster Unterschlupf: Ein Laienbruder, der ehemalige Rechtsanwalt und Schriftsteller Botho Laserstein, erkennt in der heruntergekommenen Gestalt seinen alten Freund Rudolf Leonhard und legitimiert ihn. Danach schlägt er sich nach Marseille durch und lebt dort, versteckt und vogelfrei, zwölf Monate bis zur Befreiung Frankreichs 1944. Manche Erlebnisse, die er auf der Flucht hat, muten heiter an, doch oft gerät darüber das Gelingen der Flucht in Gefahr, wenn sich ein Schuster, der sich als Stiefelkünstler fühlt, weigert, die Sandalen zu reparieren, weil er nie Pfuscharbeit mache, oder wenn ihn ein Barbier nicht rasiert, weil es der Kunde versäumt habe, ein Handtuch mitzubringen.

In Marseille knüpft er Kontakte zur Résistance, der er sich unter dem Decknamen Raoul Lombat anschließt. Walter Mehring war hier auf offener Straße verhaftet, in Ketten gelegt und danach von einem Lager ins andere geschleppt worden. Aber Rudolf Leonhard, »der liebenswerte, arglose, selbstlose Phantast«, der »Candide des zwanzigsten Jahrhunderts«, wie ihn Alfred Kantorowicz nennt, kümmert sich nicht um die Razzien, die in Abständen von dreißig Minuten stattfinden. Kantorowicz begegnet ihm, verkleidet mit Schnurrbart, Hut und Brille, ein Stöckchen schwenkend, auf der Cannebière, und der Maskierte, der sich wundert, daß seine Maske so schnell gelüftet worden ist, flüstert ihm zu: »Begrüß mich nicht, ich bin illegal!«

Vertrieben und gedruckt mit Unterstützung des Comité National des Ecrivains erscheint in Marseille sein an die deutschen Besatzungssoldaten gerichteter Gedichtband *Deutschland muß leben ...* (1944), den er, mit deutlicher Anspielung auf den ›Landser‹ der Wehrmacht, als Robert Lanzer veröffentlicht. Dieses Buch, das im Impressum den Vermerk »Achevé d'imprimer en Aout en Provence sous l'occupation nazie 1944« trägt, ist ein Buch großer Hoffnung; den Titel übernimmt es polemisch von einem nationalsozialistischen Lesebuch, das für den Literaturunterricht an den Schulen bestimmt ist und bereits 1934 in zweiter Auflage vorliegt. Im Nachwort ruft Rudolf Leonhard den deutschen Soldaten zu: »Deutschland muß leben, darum muß Hitler fallen!« Die Entscheidung einzelner Soldaten, in der Wehrmacht und in der Résistance gegen die Nazidiktatur zu kämpfen, stärkt in ihm den Glauben an einen baldigen Aufstand in der Heimat, der zum Sturz Hitlers führen soll; die Hoffnungen erfüllen sich nicht.

Nach dem Fall von Paris vom 25. August 1944, den die Résistance, reguläre französische Truppen und die amerikanische 3. Armee herbeiführen und dem die Libération ganz Frankreichs folgt, kehrt er abermals nach Paris zurück. Unter den Freunden hat sich das Gerücht von seinem Tod verbreitet.

»Die Toten stehen auf. Es ist Nachricht von Rudolf Leonhard aus Paris gekommen«, notiert Alfred Kantorowicz am 17. August 1946 in New York im *Deutschen Tagebuch*. Ende 1942 war in Mexiko in der Zeitschrift *Freies Deutschland* ein Nachruf erschienen, dem die Meldung zugrunde lag, er sei im Auslieferungsgefängnis Castres von der Vichy-Polizei an die Gestapo übergeben und von ihr sofort ermordet worden; sogar die Art der Hinrichtung wurde mitgeteilt (Guillotine) und anschließend »berichtigt« (Fallbeil). Alfred Kantorowicz hält 1944 in New York die

Totenrede auf ihn. So wird er, wie Armin T. Wegner auf dem I. Deutschen Schriftstellerkongreß 1947 in Berlin, der währenddessen in dem italienischen Fischerdorf Positano lebt, totgesagt. »Ich bin im Besitz einer dicken Mappe mit Nachrufen und Leichenreden, und es sind sehr schöne darunter«, erinnert er sich später.

In »Mein literarisches Meisterstück« heißt es: »Ich war entschlossen, soweit es an mir lag, in den Angelegenheiten dieser letzten Jahre nicht umzukommen.« Die »Angelegenheiten« beziehen sich auf die drei Lager- und Gefängnisjahre, namentlich auf Le Vernet, das »von allen Lagern sicher das schlimmste war« (Lion Feuchtwanger), »die französische Entsprechung der Lager Dachau und Buchenwald« (Alfred Kantorowicz).

Le Vernet wurde in den verfallenen Baracken eines ehemaligen Kriegsgefangenenlagers für deutsche Soldaten des Ersten Weltkrieges errichtet. Im November 1939 sind hier 1223 und am 1. August 1940 3831 Häftlinge interniert, unter ihnen dreiundsiebzig im April aus dem Lager Gurs überführte Spanienkämpfer (sechzehn Deutsche). Bei den auf engstem Raum zusammengepferchten Gefangenen handelt es sich ausnahmslos um »unerwünschte Personen«, politische Emigranten aus etwa fünfzig Ländern, die unter besonders strenger Bewachung stehen. Die Lebensbedingungen sind außerordentlich hart. Am Anfang gibt es weder Sitzgelegenheiten noch Eßgeschirr (»Einer, / der gar nichts fand, / sah gierig zu, / dem rief man zu, / er solle doch nehmen / seinen alten staubigen überbequemen / breiten ausgetretnen Schuh«), an zweihundertfünfzig Tagen des Jahres regnet es, der eisige Pyrenäenwind pfeift durch die Bretterwände, es mangelt an warmer Kleidung, an Decken und Waschgelegenheiten, die Toiletten befinden sich in unsäglichem Zustand, nur Stacheldraht ist überreichlich vorhanden: »Was hier im Lager zu machen war, / das Werkzeug war von Anfang klar, / man schaffte es, man wußte Rat, / mit Stacheldraht. // (. . .) hat einer die Vermessenheit, / sich aufzuhängen, // wir wissen wohl, er tät die Tat, / die Flucht, die Hoffnung, den Verrat / mit Stacheldraht, / mit Stacheldraht, mit Stacheldraht.«

Nach der Besetzung Frankreichs stellt ein Gestapokommando, das sich als Abordnung des Roten Kreuzes ausgibt, in sämtlichen Lagern, zuerst in Le Vernet, Auslieferungslisten zusammen; hinter den Namen von zweihundertsiebzig Lagerinsassen steht als Entlassungsgrund: »nach Deutschland«. Bis zur Übernahme durch die Wehrmacht am 27. Mai 1944 kommen in Le Vernet über zweihundert Gefangene ums Leben; noch im selben Monat werden vierhundert Juden nach Auschwitz deportiert; als das Lager am 30. Juni liquidiert wird, geht ein Transport von vierhundertdrei Häftlingen nach Dachau. Le Vernet ist unter den französischen Lagern zum Symbol der Vernichtung und des Widerstands geworden.

Geistiger Widerstand gegen die Lagerverhältnisse drückt sich in der vielfältigen Kulturarbeit aus. Auf Diskussionsabenden werden nahezu alle Gebiete des Wissens berücksichtigt; es gibt Sprach-, Stenographie-, Mathematik- und Zeichenkurse. Die mit Rudolf Leonhard internierten Schriftsteller und Publizisten, Theodor Balk, Bruno Frei, Arthur Koestler, Gustav Regler, László Radványi (der Mann von Anna Seghers), Max Schroeder, Friedrich Wolf und andere, sind an diesen Aktivitäten, die an die Arbeit der Volkshochschulen erinnern, maßgeblich beteiligt; in ihrem Werk wird Le Vernet in Gedichten, Erzählungen, Autobiographien und kritischer Tagesliteratur Bedeutung erlangen. Zwei von ihnen schreiben in diesem Lager einige ihrer bedeutendsten Werke: Friedrich Wolf »bei Kerzenlicht« das Schauspiel *Beaumarchais oder Die Geburt des Figaro* (1941; Uraufführung 1946), das Manuskript wird von einem Offizier der französischen Lagerverwaltung beim Vormarsch der Wehrmacht gerettet und in die Schweiz gebracht, sowie die Erzählungen »Jules« und »Kiki« (beide 1942); Rudolf Leonhard die Tragödie *Geiseln* (1945), den Gedichtzyklus *Le Vernet* (1961, Auswahl) und das zweitausendfünfhundert Seiten umfassende, bisher nur in Auszügen veröffentlichte »Traumbuch«. In der Rezension zu Bruno Freis *Die Männer von Vernet* (1950) in der Zeitschrift *Heute und Morgen* (7/1951) kommt er auf ein weiteres Vorhaben zu sprechen:

»Ich hatte selbst vor, ein übrigens französisches Buch über das Lager Vernet zu schreiben, ich hatte sogar einen Auftrag dafür, . . . und merkwürdigerweise sollte auch mein Buch *Les Hommes du Vernet* heißen.« Rückschauend sieht er im »Frontabschnitt Vernet« eine »Kraftquelle«, die aus den Gefangenen Kämpfer gemacht habe. Über seinen Aufenthalt in Le Vernet hat er sich 1944 geäußert: »Es war die beste Zeit meines Lebens. In Vernet traf ich die besten Menschen der Welt. Ich habe nie in solcher Harmonie mit anderen gelebt. Es war wie eine Belohnung für alle Kämpfe.«

Mit dem Einakter *Geiseln*, entstanden im Herbst 1941 nach der mißglückten Flucht im Mai und der zweiten Einlieferung ins Lager, erreicht das Schaffen des Dramatikers Leonhard einen Höhepunkt. Im Vorwort zu der in Frankreich erschienenen Erstausgabe verweist er darauf, daß *Geiseln* das erste literarische Zeugnis sei, »das über ein Thema dieses französischen Widerstands geschrieben worden ist«. Auf der Flucht hatte er, wie schon für *Segel am Horizont*, die stoffliche Anregung in einer Zeitungsmeldung gefunden: Im September 1941 verüben Mitglieder der Résistance in Paris ein Attentat auf deutsche Offiziere; als Vergeltung läßt die deutsche Militärverwaltung zehn Geiseln erschießen, die jüngste neunzehn, die älteste zweiundsiebzig Jahre alt. Die Namen der Geiseln übernimmt er als Dokument des Widerstands und als Stele für die Opfer. Als sich herausstellt, daß keiner der Zehn an einer Aktion gegen deutsche Militärangehörige beteiligt gewesen sein konnte, weil sie zur Zeit des Attentats alle in Gefängnissen der Besatzungsmacht gesessen haben, regen sich im Erschießungspeloton Skrupel. Ein Hauptmann, der sich nicht dazu bereit erklärt, Unschuldige zu erschießen, gelangt zu der Einsicht, es handelt sich um »keine Soldatenarbeit«, sondern um »Henkersarbeit«, und erschießt sich selbst. Rudolf Leonhard, der auch die Kaltschnäuzigkeit einiger Offiziere vorführt, läßt die deutsche Seite um eine Entscheidung ringen, die das Gewissen wachrüttelt und mögliche politische Konsequenzen einbezieht. Die Geiseln stehen vor der Entscheidung, ihrem Tod einen Sinn zu geben, »mit dem Tod noch den Feind« zu »erschlagen«. Diese Wandlung der Opfer in Kämpfer gestaltet er in der ergreifenden Szene, der ihre Erschießung folgt: »Sie gehen in den Tod als Sieger. Denn der Feind, der sie tötet, zeigt damit seine Schwäche, über die sie – sterbend – triumphieren« (Willi Lewin). An zehn unpolitischen Menschen, die sich vorher nicht gekannt haben, demonstriert Rudolf Leonhard einen historischen Prozeß: die Geburt der Résistance. Es war mit Lebensgefahr verbunden, ein derartiges Stück in Le Vernet zu schreiben. Freunde raten ihm dringend, das seitenweise abwechselnd in den Spalten eines hölzernen Bettgestells, in einem Loch des Fußbodens, hinter Ziegeln, Balken und Dachsparren versteckte Manuskript zu vernichten. Die deutsche Fassung wird schließlich außerhalb des Lagers in Sicherheit gebracht; zwei von ihm angefertigte französische Übersetzungen sind nicht erhalten geblieben.

Geiseln, 1947 an der Berliner Volksbühne uraufgeführt, »wurde zu einem außerordentlich starken Erfolg. Der Regisseur Franz Reichert und seine Darsteller wurden mit einem Beifallssturm bedacht, der sich zum Orkan steigerte und nur langsam, sehr langsam abebbte«, schreibt Fritz Erpenbeck in der Premierenkritik des *Vorwärts*. »Allerdings wird dieses Erlebnis für manchen deutschen Zuschauer, nein, für viele, für die meisten vielleicht, das Erlebnis einer Reinigung von Chauvinismus, Faschismus und Militarismus.« Am Rande der III. Weltfestspiele der Jugend und Studenten für den Frieden (1951) hat Rudolf Leonhard in Berlin eine Begegnung, die ihn tief bewegt: Er trifft den Bruder seiner Figur David Liebermann aus den *Geiseln*.

Jene umfangreiche Gruppe von Gedichten, für die sich nach ihrem Entstehungsort die Sammelbezeichnung *Le Vernet* eingebürgert hat, ohne daß Rudolf Leonhard jemals einen definitiven Titel für den Zyklus formuliert hätte, stellt eine Chronik in Versen dar, die den Alltag des Lagerlebens tagebuchartig festhält, Gelegenheitsgedichte im besten Sinn. Ihr Nachrichtenwert ist hoch und, wie der Vergleich mit anderen Publikationen über Le Vernet beweist, sehr zuverlässig. In ihrer dokumentarischen Würde ist sie Louis Fürnbergs Dichtung *El Shatt* (1960) vergleichbar, die in dem nordafrikanischen Wüstenlager in der Nähe des Sinai und des Suezkanals in den vierundvierzig Tagen zwischen dem 19. März und dem 2. Mai 1946 entsteht. *Le Vernet* umfaßt sechshundertsechsunddreißig zwischen September 1939 und Dezember 1940 (meistenteils) datierte Gedichte; einige stammen vermutlich aus späterer Zeit. Eine nicht bekannte Anzahl ist, bedingt durch Rudolf Leonhards unbekümmerte, nicht auf Tradierung bedachte Arbeitsweise, im Lager verlorengegangen, oft unmittelbar nach der Niederschrift.

Im April 1940 war mit dem Transport der aus Gurs überführten Spanienkämpfer ein Mann nach Le Vernet gekommen, der sich Verdienste besonderer Art erwerben sollte. Als bekannt wird, daß er eine gestochene Handschrift besitzt, erhält er den Auftrag, Manuskripte zu kopieren. Um die Texte verstecken oder als Kassiber hinausschmuggeln zu können, müssen die Duplikate möglichst kleinformatig sein. Seine Arbeitsutensilien sind eine Stecknadel, in die er, nachdem er sie mit Kieselsteinen angeschliffen hat, eine haarfeine Nut für die Tusche ritzt, und zurechtgeschnittenes Zigarettenpapier. So kopiert er Friedrich Wolfs *Beaumarchais* und eine Reihe von Gedichten Rudolf Leonhards. Der Name dieses Mannes ist Willy Bürger.

Politiker wie der damalige Abgeordnete Pierre Mendès-France, der sich 1942 de Gaulle anschließt, und Schriftsteller wie Roger Martin du Gard, Georges Duhamel und Jean Giraudoux, zum Zeitpunkt von Rudolf Leonhards Verhaftung Leiter einer im August 1939 von der französischen Regierung eingerichteten Informationsabteilung, der vorübergehend auch Alfred Döblin angehört (und in der es möglich ist, obwohl sie die offizielle Regierungspolitik zu vertreten hat, aus nationaler Verantwortung zwischen deutschen Antifaschisten und deutschen Aggressoren zu unterscheiden), setzen sich nachhaltig für die Freilassung Rudolf Leonhards ein. Sie verwenden sich für ihn beim zuständigen Ministerium, richten Briefe an die Lagerverwaltung und versuchen auf jede nur erdenkliche Weise, ihm sein Los zu erleichtern. Diese Bemühungen führen zu widersprüchlichen Resultaten. Einmal scheint die Entlassung schon perfekt zu sein, da wird von unbekannter Seite Einspruch erhoben; die Regierung Pétain-Laval zögert, dann erweist sich, daß seine Auslieferung an die Gestapo vorbereitet worden war.

Über Rudolf Leonhard existiert ein Dossier des französischen Geheimdienstes; es hat einen Umfang von zweihundert Schreibmaschinenseiten und umfaßt die gesamte Dauer seiner Internierung in Le Vernet. Dieser Geheimbericht wird vom Innenministerium »dringend« angefordert. Nach der ›Libération‹ fallen ihm die Unterlagen in die Hände, die 1944 von der Résistance beim Sturm auf das Polizeipräsidium von Foix sichergestellt werden.

Nach Mitteilungen von Maximilian Scheer hatte bereits bei Rudolf Leonhards Verhaftung am 11. Oktober 1939 in Paris eine Denunziation eine Rolle gespielt, durch die er »als Kommunist signalisiert« wurde. Vorausgegangen war dem folgendes: Nach dem Nichtangriffspakt zwischen Hitler und Stalin vom 23. August 1939 und den dadurch ausgelösten politischen Verwirrungen gelingt es einem Mitglied der Volksfront für kurze Zeit Einfluß auf den französischen Rundfunk zu gewinnen. Bruno Frei und Rudolf Leonhard werden ins Postministerium gebeten; man bittet sie, über einen Kurzwellensender für Deutschland bestimmte Aufrufe im Geist des »anderen Deutschland« zu sprechen. Sie nehmen den Auftrag an; Bruno Frei wird bereits am übernächsten Tag entlassen, Rudolf Leonhard betreibt die Radioagitation mehrere Wochen. Danach erfolgt die Anschwärzung aus naheliegenden Gründen. Maximilian Scheer erinnert sich, daß Rudolf Leonhard daraufhin »durch ausdrücklichen Beschluß des Ministerrats ausgewiesen« und »zur Residenz im Lager Le Vernet (Arriège) angehalten« wird. In den Akten, die nun über ihn angelegt werden, heißt es: »Indessen gibt seine Haltung im Lager viel zu denken . . . Er kann nicht ohne Gefahr entlassen werden.« Als Beweis für »seine Haltung« erscheint in dem Dossier Rudolf Leonhards im Lager geschriebenes Gedicht »Wir«:

Wir frieren und verdrecken im dürren Stroh.
Das hat uns nichts an. Wir bleiben froh.
  Wir wissen, warum.

Am Stacheldraht blitzen die Bajonette;
unsre Augen glitzern damit um die Wette.
  Wir wissen, warum.

Wir können nur dreißig Schritte machen,
das hindert uns nicht, aus der Kehle zu lachen.
  Wir wissen, warum.

Einer denkt an die Mutter, einer denkt an den Sohn,
und alle, alle kennen den Lohn:
  Wir wissen, warum.

Wir heben die Stirn in den nassen Wind.
Wir wissen, warum wir gefangen sind,
  wir wissen, warum!

Uns schiert nicht Verleumdung, uns trifft nicht Hohn.
Wir werden nicht krumm, uns macht man nicht dumm,
  wir wissen, warum – –

Ist der Tag auch lang, und die Nacht ist bitter:
Wenn die Posten dann abziehn und aufgehn die Gitter – –
  wir wissen, warum! – –

Dann geht's auf die Straße, wir heben die Schuh,
und Du bist ich und ich bin Du – –
  Wir wissen, warum,
  und wissen, wozu!

Daß es in Straflagern Spitzel und Schnüffler gibt, Informanten, die mit der Verwaltung zusammenarbeiten, ist nichts Ungewöhnliches. Die Person, die Rudolf Leonhards Gedicht weitergegeben hat, muß sein Vertrauen besessen haben, denn der Regsamkeit allzu Wißbegieriger begegnen die Inhaftierten wachen Sinnes.

Sie muß zum inneren Kreis gehört haben. Sie muß in der Auslegung von Texten dieser Beschaffenheit geübt und dazu fähig gewesen sein, die ihm eigene politische Brisanz zu erkennen. Sie hat die letzte Strophe richtig verstanden, indem sie die in ihr ausgesprochene Gewißheit unausweichlich bevorstehender Kämpfe ernst nimmt. Sie muß sich im klaren darüber gewesen sein, welche Kämpfe von Rudolf Leonhard gemeint sind, nachdem er ein Gedicht mit dem unmißverständlichen Titel »Prolog zu jeder kommenden Revolution« geschrieben hatte. Sie war intelligent genug, um das eine mit dem anderen verknüpfen zu können und so zwei Tatsachen miteinander in Zusammenhang zu bringen, aus denen sich »seine Haltung« ablesen läßt. Und letztendlich: Sie hat es vermocht, die mit der Dechiffrierung literarisch geäußerter politischer Ziele nicht vertraute Verwaltung des Lagers, zumal sie in einer Fremdsprache gemacht werden, davon zu überzeugen, daß das Gedicht »Wir« als Beweismittel für kommunistische Gesinnung zu den Akten des französischen Geheimdienstes genommen werde. Damit bekundet der Informant aber auch seine Überbewertung dieser Verse und eine hochgradige Gereiztheit angesichts von Ideologie, jedenfalls einer bestimmten, deren Ursache in einem persönlichen Konflikt mit ihr gesucht werden kann. In Le Vernet hat es ein weit verzweigtes Spitzelsystem gegeben, indessen nur wenige Überläufer; es sind Namen genannt worden. In den Aufzeichnungen Rudolf Leonhards wird darüber geschwiegen. (Ob sich aus den großenteils noch unveröffentlichten autobiografischen Quellen – Tagebücher, »Traumbuch«, Briefe – neue Anhaltspunkte ergeben werden, muß abgewartet werden.) Selbst als er das Dossier kennt, in dem zahllose auf ihn bezogene Einzelheiten über Personen und Ereignisse zusammengetragen worden sind, die in ihrem Arrangement wiederum Rückschlüsse auf den (oder die) Zuträger gestatten und zwangsläufig Erinnerungen heraufbeschwören, bricht er sein Schweigen nicht. Das ist beredt. Dem argen Treiben der kleinen Spitzel, den Achtgroschenjungen, die von den anderen geschnitten werden (»sie bleiben unter sich«), widmet er noch im Lager das Gedicht »Das Zimmer«; aber mit ihnen sind eben nicht die Kollaborateure in der politischen Glaubenskrise gemeint.

Nach einzelnen verstreuten Veröffentlichungen aus *Le Vernet*, die Rudolf Leonhard von sich aus veranlaßt hat, nimmt sich Alfred Kantorowicz als erster des Zyklus' an. 1947 stellt er im zweiten Heft seiner Zeitschrift *Ost und West* zehn Proben daraus vor und würdigt in einem »aus dem Herzen kommenden Einführungsartikel« Leben und Werk. Rudolf Leonhard selber hat eine Ausgabe weder vorbereitet noch durch kritische Sichtung des Materials unterstützt. Seine Gleichgültigkeit gegenüber dem Projekt, zu dem er von mehreren Seiten ermuntert worden ist, bestätigt sich auch in der Eintragung vom 19. Juli 1947 in Alfred Kantorowiczs *Deutschem Tagebuch*: Sie erwähnt die für *Ost und West* vorgesehenen Gedichte, »die ich ihm entrissen habe«. Es hat wohl auch mit dem zu tun, was Thomas Mann als das »Herzasthma des Exils« diagnostizierte.

Vierzehn Jahre vergehen, bis mit den von Maximilian Scheer im Auftrag der Deutschen Akademie der Künste zu Berlin veranstalteten *Ausgewählten Werken in Einzelausgaben* (Band I 1961) die erste repräsentative Auswahl erscheint; sie enthält zweihundertfünfundfünfzig Gedichte. Somit ist ein reichliches Drittel des Zyklus' publiziert. Eine vollständige Ausgabe von *Le Vernet*, einem der dichterischen Hauptwerke des Exils, liegt, einunddreißig Jahre nach dem Tod Rudolf Leonhards, nicht vor.

Wie das Programm für die letzte Schaffensperiode liest sich der Titel eines 1947 in Paris erschienenen Essays: »Plaidoyer pour la démocratie allemande«. Seit der Novemberrevolution von 1918 hat er für die Errichtung einer deutschen Demokratie gearbeitet; nun setzt er seine schon stark dezimierten Kräfte tagtäglich noch einmal für dieses Ziel ein. Er lebt zwar weiterhin in Paris, aber die *Deutschen Gedichte* (1947) erscheinen bereits in Berlin. Rudolf Leonhard vereint in ihnen, und das ist als Symbol, als politischer Brückenschlag zu verstehen, die Verse der »angespanntesten Kampfhoffnung« aus *Deutschland muß leben . . .* (1944) mit den Gedichten der »Hoffnung auf Wiedergeburt und Erneuerung« von 1945 und 1947. Wie ernsthaft er um einen wirklichen Neubeginn ringt, einen ideellen und nicht einen bloß materiellen, macht die Unterscheidung deutlich, die er im Vorwort zum Ausdruck bringt: »So gehn auch diese Gedichte . . . in den unerschütterlichen Willen zum Aufbau noch mehr als zum Wiederaufbau aus.« In seiner Sehnsucht nach »Geburt und Entstehung« fühlt er sich zugleich für »Schande und Unheil mitverantwortlich«, und er, der Kämpfer, stigmatisiert sich, indem er ausruft: »Ich hätte besser kämpfen müssen; ja, ich hätte siegen müssen, ich selbst«, und erst dann die Anrufung des ganzen Volkes: »wir alle«.

An Lex Ende, dem er die Gedichte widmet, »zur Erinnerung daran, daß er 1944 in Marseille trotz aller Gefahren dem ersten Teil dieses Bandes zum Druck und zur Wirkung verhalf«, vollzieht sich schon sehr früh das, was in den beschwörenden Worten Rudolf Leonhards als Befürchtung mitschwingt: die Offensive gegen den wirklichen Neubeginn. Ende, einer der paritätischen Chefredakteure der *Deutschen Volkszeitung*, dem späteren *Neuen Deutschland*, wird 1948 nach dem Bruch Titos mit Stalin von Walter Ulbricht als »Titoist« verdächtigt, seiner Funktion enthoben, aus der Partei ausgeschlossen und zur Zwangsarbeit im erzgebirgischen Uranbergbau der Sowjetisch-Deutschen Aktiengesellschaft Wismut in Aue verpflichtet; nach kurzer Zeit erliegt er dort einer Herzattacke. Während Ulbrichts Feindseligkeit gegen die Westemigranten, die von ihm zu potentiellen Agenten gestempelt werden, bedrohliche Ausmaße annimmt und alsbald das böse Wort von den »vorgestrigen KZlern« die Runde macht, mutet das schöne Gedicht »Grenze«, das Rudolf Leonhard schreibt, als er am 2. Juni 1947 von Frankreich nach Deutschland fährt, vor dem Hintergrund der sichtbar werdenden innerparteilichen Machtkämpfe wie die Idylle eines Bukolikers an: »Als wir über die Grenze kamen, / da sah es drüben genauso aus, / ein Feld war ein Feld und ein Haus war ein Haus, / die Dinge hatten kaum veränderte Namen, / ein Mensch war ein Mensch und ein Tier ein Tier, / die Menschen hatten zwei Arme und die Esel vier Füße.« Der »Gedichteträumer« Rudolf Leonhard: »die Dinge« hatten indessen sehr wohl »veränderte Namen«.

Im Oktober 1947 nimmt er am I. Deutschen Schriftstellerkongreß in Berlin teil, dessen Ehrenpräsidentin die dreiundachtzigjährige Ricarda Huch ist. Wieder verkündet er, wie schon 1935 in Paris, die Stiftung eines Heinrich-Heine-Preises, der für alle vier Besatzungszonen Deutschlands ausgeschrieben wird; die ersten Preisträger sind Stephan Hermlin (1948) und Emil Belzner (1949). Außerdem regt er, auch darin um den ideellen Aufbau besorgt, die Gründung einer Akademie der Künste an.

Er beschließt, sein Exil zu beenden und nach Berlin zu übersiedeln. Noch einmal kehrt er nach Paris zurück, um die dafür notwendigen Angelegenheiten zu regeln. Bei den Vorbereitungen für die Reise erkrankt er an einer eitrigen Rippenfellentzündung und wird ins Krankenhaus eingeliefert, das er erst nach drei Jahren wieder verläßt. Er muß sich acht Augenoperationen unterziehen und erblindet auf einem Auge. Von nun an fühlt er sich, dem schon vor langem ein Lungenflügel entfernt worden ist, nur noch als ein »Wrack«. Seinen sechzigsten Geburtstag begeht er, wie er in einem Brief an Alfred Kantorowicz schildert, »frierend und völlig ohne Geld« 1949 in Paris: »Ziemlich allein in einem Hotelzimmer, verstimmt wie noch nie, wie im Lager nicht.« Alfred Kantorowicz erinnert sich am 29. Oktober 1949 im *Deutschen Tagebuch* an ein Gespräch, in dem ihm Rudolf Leonhard von seinem Fünfzigsten in Le Vernet erzählt hat: »Da haben die Kameraden schon wochenlang vorher Vorbereitungen getroffen. Einer hat nach Paris geschrieben, um ihm rechtzeitig ein Exemplar seiner *Spanischen Novellen* und seines Schauspiels *Führer & Co* zu beschaffen. Ein anderer kunstfertiger Häftling hat lange Zeit an einem Ring für ihn geschnitzt.« Sie darbten sich von ihren Hungerrationen noch etwas vom Munde ab, um ihm ein »Festmahl« bereiten zu können, tranken, rauchten und sangen mit ihm, »und dann haben sie ihn gebeten, einige von seinen Lagergedichten zu lesen«. Rudolf Leonhards Schlußsatz in diesem Gespräch lautet: »Damals habe ich gewußt, daß ich etwas gelte und zu etwas tauge.« Kantorowicz ist versucht, ihm zu raten: »Bleib, wo du bist. Im Exil wärst du auch hier. Du würdest es bald merken.« Er hat es zu spüren bekommen.

Seine psychische Verfassung ist denkbar schlecht, Sorgen um die Zukunft bedrücken ihn, die körperlichen Kräfte lassen weiter nach. In Paris bekommt er Kenntnis vom letzten Brief Heinrich Manns, der an Arnold Zweig gerichtet ist. Obwohl Heinrich Mann 1949 zum ersten Präsidenten der Deutschen Akademie der Künste zu Berlin gewählt worden ist und sich auf die Übersiedlung in die DDR einrichtet, sieht er sich am 28. Februar 1950 zu der Klage gezwungen: »Die Behörden beantworten nichts.« Dann rühren sie sich doch: Der Anfang des Briefes wird gestrichen und zum Zeichen der engen Verbundenheit Heinrich Manns mit der DDR in allen großen Zeitungen als Faksimile veröffentlicht. Rudolf Leonhard sieht, wie die Schatten länger werden; dennoch kehrt er, wenn auch voller Skepsis, am 27. April 1950 endgültig nach Berlin zurück. Zunächst ist er, wie vor ihm Bertolt Brecht und Helene Weigel, im nichtzerstörten Teil des Hotels »Adlon« untergebracht; das Fenster seines Zimmers liegt genau gegenüber den Fenstern des Bettina-von-Arnim-Archivs. Nach einiger Zeit, doch nicht allzu schnell, wird ihm eine Wohnung in der Wolfshagener Straße in Berlin-Pankow zugewiesen. Das Gedicht »Herbststraße in Pankow«, von Maximilian Scheer in *Ein Leben im Gedicht* (1964), dem zweiten großen Sammelband der Verse, unter die fünf letzten Stücke eingereiht, veranschaulicht die Gemütslage, in der er sich befindet, jenes zuckende Pendeln zwischen Aufflackern und Verlöschen: »Oh, wir leben noch im vollen! / Heiß noch; vor den späten Schaudern, / vor der grauen Kälte wollen / wie die Bäume, unsre Vettern, / wir noch weiterglühend zaudern.«

Und abermals, doch schon Valet sagend, »glüht« er, ist Vorstandsmitglied des Deutschen Schriftstellerverbandes und Mitglied des PEN-Clubs, wirkt in der Gesellschaft für kulturelle Verbindungen mit dem Ausland und erwirbt sich als Pate der Arbeitsgemeinschaft Junger Autoren des Landes Sachsen bleibende Verdienste bei der Förderung des Schriftstellernachwuchses. Wie von einem Fieber getrieben, taucht er überall auf, versäumt keine Premiere, fehlt bei keinem Empfang und auf keiner Versammlung; man macht sich schon über ihn lustig, nennt ihn einen Kauz, doch hinter all der Geschäftigkeit verbirgt sich der verzweifelte Wunsch, wenigstens am Ende seines Lebens Anerkennung zu finden. Wie im Fieber schreibt er auch: ein halbes Dutzend Hörspiele wird gesendet und erscheint im Druck, in Essays ehrt er Jean Richard Bloch und Paul Langevin, für die Editions Pierre Seghers stellt er den Band *Hoelderlin. Etude et présentation* (1953) zusammen; er führt seine autobiografischen Aufzeichnungen fort, greift mit blitzgescheiter Publizistik streitbar ins Zeitgeschehen ein, steuert Monat für Monat sprachkritische Glossen für Willi Bredels Zeitschrift *Heute und Morgen* bei und reagiert, wie Bertolt Brecht in der Chorkantate »Herrnburger Bericht« (1951) und Johannes R. Becher im Tagebuch *Auf andre Art so große Hoffnung* (1951), mit der Erzählung »Die Herrnburger Schlacht« auf den bekannten Vorgang, daß die westdeutsche Polizei aus Berlin in die Bundesrepublik zurückkehrende Teilnehmer der III. Weltfestspiele der Jugend und Studenten für den Frieden vorübergehend festnimmt.

Besonders am Herzen liegt ihm ein »kleines Buch, voll von Begeisterung, von Liebe zur Gegenwart und Zukunft, von Lust des Dabeiseins und Mitmachens« (Stephan Hermlin): der Aufsätze und Gedichte mischende Band *Unsere Republik* (1951), über den Stephan Hermlin zwanzig Jahre später urteilt: »Er wird einmal mehr über die ersten Jahre der Deutschen Demokratischen Republik aussagen als heute bekanntere und gewichtiger dastehende Werke«, doch er nennt ihn auch »ein verschollenes kleines Buch«. Rudolf Leonhard hätte es im Erscheinungsjahr nicht anders ausdrücken können; am 21. September 1951 schreibt er an Maximilian Scheer: »Von *Unsere Republik* hatte ich nun wirklich ein gutes Echo erhofft; es kommt so gut wie gar nichts.« Die einer Liebeserklärung an die DDR gleichende Widmung, die er trotz aller Bedenklichkeiten vorangestellt hat, ist kaum gewürdigt worden: »Zum erstenmal in einem an Kämpfen sehr reichen Leben kann ich bedingungslos, vorbehaltlos zu meinem Vaterlande Ja sagen.« Zwei Zeilen aus dem Gedicht »Das Friedensgesetz«, das in diesem Band zu finden ist, gewinnen so einen doppelten Sinn: »Die Welt, die auseinanderfällt, / die Welt, die nach zwei Seiten zieht.«

Nach seiner Heimkehr, die sich in Abkehr zu verwandeln beginnt, von ihm, in ihm, denkt er immer öfter zurück »an alles . . ., das vorher war«; Briefe und von Freunden aufgezeichnete Gespräche, sich autobiografisch davonmachende Miszellen und Passagen in Gedichten, die auffallend häufig Überschriften wie »Überleben« oder »Bilanz« tragen, führen das vor Augen. Doch einmal noch blickt er auf andere Weise zurück, ausgelassen, voller sinnlicher Direktheit, süchtig nach den Pilgerzügen »in den Eingeweiden der Stadt«, einer, der sich in das Glück selbstverständlicher Solidarität einbezogen weiß: »Alle stehn, groß, schön, gesund, / alle, im Vordergrund.« Es sind die zweiundzwanzig Gedichte der *Banlieue* (1953), seinem letzten Buch, leichte, durchscheinende Verse über die Pariser Vorstadt, die mit Bildbeigaben von Max Lingner korrespondieren: Häfen, Fabriken, Bahnstränge, erschrocken endende Straßen und die Wärme der Plätze materialisierende Aquarelle eines hierzulande unbekannten Großen der Zeichnung und Peinture; Rudolf Leonhard hat ihm den Ehrennamen »erster Maler der proletarischen Heiterkeit« verliehen.

Die Fehlschläge nehmen überhand; davon betroffen werden auch Vorhaben, die unstreitig zum Kanon antifaschistischer, sozialistischer Kulturpolitik gehören. Paradigmatisch ist die Farce um Carl von Ossietzky. Im Herbst 1947 wird Alfred Kantorowicz von Max Schroeder, dem Cheflektor des Aufbau-Verlages, gebeten, ein Gedächtnisbuch herauszugeben. Kantorowicz stimmt begeistert zu und reicht das Manuskript zum vereinbarten Termin ein, aber das Erscheinen des Buches wird verzögert, hintertrieben. Genau ein Jahr später ersucht ihn Kurt Maetzig, Regisseur international beachteter DEFA-Filme, an einem Friedensfilm über Ossietzky mitzuarbeiten; Kantorowicz schreibt das Drehbuch. Als Maetzig erkennt, daß es sich bei diesem Projekt um ein heißes Eisen handelt (Ossietzky: »Ich habe nach allen Seiten gekämpft, mehr nach rechts, aber auch nach links.«), zieht er sich von ihm zurück und widmet sich einem zweiteiligen Film über Ernst Thälmann (Szenarium Willi Bredel und Michael Tschesno-Hell; Uraufführungen 1953 und 1955), für den er im Kollektiv mit dem Nationalpreis ausgezeichnet wird. Falk Harnack verfolgt das Unternehmen weiter; ein dritter Mitarbeiter kommt hinzu: Axel Eggebrecht. Die Attacken gegen Kantorowiczs Zeitschrift *Ost und West*, zu der das kulturpolitische Wochenblatt *Sonntag* bläst (Dem Herausgeber wird vorgeworfen, daß er John Reed zu Wort kommen ließ, dessen von Lenin eingeleiteter Augenzeugenbericht über die Große Sozialistische Oktoberrevolution *Zehn Tage, die die Welt erschütterten* [1919] als »erstes nordamerikanisches Werk des sozialistischen Realismus« gilt, der Autor aber als Trotzkist.), und seine Berufung als Professor für Neue Deutsche Literatur an die Humboldt-Universität erschweren und verzögern die Arbeit am Film; Eggebrecht scheidet im Herbst 1950 wegen einer schweren Erkrankung aus der Projektgruppe aus. Für ihn springt Rudolf Leonhard ein, der sich, während Frank Harnack die Regie entzogen wird, mit Feuereifer der Sache annimmt. Im Sommer 1951, nach drei Jahren intensiver Recherchen und mehreren Drehbuchfassungen, scheitert auch der Friedensfilm der Widerstandskämpfer Kantorowicz, Harnack, Eggebrecht und Leonhard über den Friedensnobelpreisträger Carl von Ossietzky. Im Nachlaß Rudolf Leonhards befinden sich: der Fahrplan für den Film, eine Inhaltsangabe, Entwürfe für die Frauenfiguren und die ausgeführten Bilder 1–17, 25–28 und 66–78.

Am 3. Juli 1949 hatte er aus Paris an Maximilian Scheer in New York geschrieben, er habe gehört, daß er für einen Nationalpreis vorgeschlagen sei, »der in einer lebenslänglichen Ehrenrente bestehn soll«. Er knüpft die Hoffnung daran, »nie mehr diese

Geldsorgen« zu haben und »endlich in Ruhe arbeiten« zu können. Es bleibt bei der Hoffnung. Auch Alfred Kantorowiczs Versuch, ihn 1952 in den Beratungen der Preiskommission durchzubringen, mißlingt. Am Tag von Rudolf Leonhards Tod notiert er in Erinnerung daran im *Deutschen Tagebuch*: »Da hat man mit verächtlichem Grinsen seinen Namen weggewischt – ich sehe die Handbewegung und den Gesichtsausdruck der Dame Seghers noch vor mir. Er zählte einfach nicht mehr mit.« Er, über den es in einem offiziellen Artikel heißt, »bis zu seinem Tode wirkte er unermüdlich auf vielen Gebieten der Literatur«, erhält nicht nur keinen Nationalpreis, sondern überhaupt keinen Preis. Kuba (Kurt Barthel) und Hans Marchwitza hingegen, deren Werk das Werk Rudolf Leonhards in seiner parteilichen Leidenschaftlichkeit ebenbürtig und nach literarischer Qualität und thematischer Vielfalt weit überlegen ist, nehmen den höchsten Literaturpreis der DDR je dreimal in Empfang. (Wie zum Hohn, doch ohne höhnisch sein zu wollen, schlägt Walther Victor im Nachruf auf ihn die Stiftung eines Rudolf-Leonhard-Preises für junge Autoren vor, den es ebenfalls nicht geben wird.)

Nicht allein die schwindenden Kräfte sind es, die ihn soweit bringen, seine literarischen Pläne hinauszuschieben, beiseite zu legen, aufzugeben oder sie gar nicht erst in Angriff zu nehmen; es sind auch die »stumm verhaltnen Schmerzen«, wie Mörike sagt. Und Pläne hat er bis zuletzt: den Hölderlin-Roman, zwei philologische Werke, *Sprachkritik* und *Das deutsche Gespräch*, den Einakter über den authentischen Fall des Arztes Fetcher, der zur Roten Armee überlief, um Dresden zu retten, und von den Nazis dabei erschossen wurde; im Entstehen begriffen ist eine große Sammlung kleiner Geschichten, die *Literatur-Geschichten* heißen sollte.

Die Chronik der politischen Ereignisse zwischen 1950 und 1953 findet in den späten Arbeiten Rudolf Leonhards so gut wie keinen Niederschlag mehr. Den von der II. Parteikonferenz der SED am 9. Juli 1952 gefaßten »Beschluß über die Grundlagen für den

Aufbau des Sozialismus in der Deutschen Demokratischen Republik« feiert er noch in einem deklamatorischen Gelegenheitsgedicht als Hoffnung, »daß diesen Anfang wir /anfangen können // am großen Tage!«; auf die komplexen Ereignisse des 17. Juni 1953 reagiert er summarisch mit den Versen: »die heiligen Fahnen / hat man im Schmutze verbrannt«. Als Zeuge der Zeit erlebt er die Serie der Prozesse um den »Agenten der amerikanischen Spionage Noel H. Field« gegen Rajk, Kostoff, Slansky und andere, den Tod Stalins am 5. März 1953 und die sich anschließenden Machtkämpfe in der sowjetischen Parteiführung, die, im Interregnum Berija/Malenkow, zu einer neuen Konzeption der sowjetischen Deutschlandpolitik führen und »auf das große Ziel der Wiedervereinigung des deutschen Volkes in einem geeinten, nationalen deutschen Staat ausgerichtet« sind (*Tägliche Rundschau* vom 13. Juni 1953), und er erlebt das Scheitern dieser Politik mit all seinen Folgen für die DDR wie der Ausschaltung der »parteifeindlichen Oppositionsgruppe Zaisser-Herrnstadt«, der schrittweisen Zurücknahme des nach dem 17. Juni verkündeten »Neuen Kurses« durch Walter Ulbricht usw.

Die politischen Auseinandersetzungen jener Jahre spiegeln sich auch in der Kulturpolitik wider. Obwohl der scharfsinnige und scharfzüngige Rudolf Leonhard das literarische Leben stets mit offenen Sinnen beobachtet und kommentiert hat, vermittelt der Band *Der Weg und das Ziel* (1970), ausgewählte Briefe und Prosaschriften von 1914 bis 1953, ein merkwürdig neutrales und unkritisches Bild für den Zeitraum zwischen Übersiedlung und Tod. Aber gerade in diesen Kontroversen gilt für ihn der Horaz-Vers: »Es handelt sich um deine Sache, wenn das Haus des Nachbars brennt.«

1950 wirft Walter Ulbricht den Schriftstellern »Tempoverlust« bei der künstlerischen Gestaltung der Wirklichkeit vor. Anna Seghers, Friedrich Wolf, Arnold Zweig geraten ins Kreuzfeuer einer engstirnigen und lähmenden Kritik, das vom Kultursekretariat beim Zentralkomitee der SED eröffnet wird. Drei Bücher Alfred Kantorowiczs, darunter sein *Spanisches Tagebuch*, verschwinden aus dem Buchhandel und aus den Bibliotheken; eine Edition der Briefe Erich Weinerts, der nach Arnold Zweigs Roman gedrehte DEFA-Film *Das Beil von Wandsbek* (1951), ein Psychogramm kleinbürgerlichen und intellektuellen Verhaltens unter dem Faschismus, Alfred Kantorowiczs Schauspiel *Die Verbündeten* (1951), Bertolt Brechts und Paul Dessaus Oper *Die Verurteilung des Lukullus* (1951) und mehrere andere Theaterstücke werden verboten. Mit dem Lukullus-Libretto kommt Brecht ins Gerede über den Formalismus, ein Einwand, der zur Jahreswende 1951/52 auch gegen die das bildhauerische Werk Ernst Barlachs zeigende Ausstellung der Akademie der Künste erhoben wird. *Die Verurteilung des Lukullus* arbeitet er noch 1951 in *Das Verhör des Lukullus* um; die heftigen Angriffe auf Barlach in der *Täglichen Rundschau* und im *Neuen Deutschland*, in denen er »eine völlig abstrakte vernichtung mit gesellschaftskritischen waffen« sieht, die sich »in den schwächsten und stümperhaftesten händen« befinden (*Arbeitsjournal* vom 1. Februar 1952), beantwortet er im Januar 1952 mit den »Notizen zur Barlach-Ausstellung«: »Ich halte Barlach für einen der größten Bildhauer, die wir Deutschen gehabt haben. Der Wurf, die Bedeutung der Aussage, das handwerkliche Ingenium, Schönheit ohne Beschönigung, Größe ohne Gerecktheit, Harmonie ohne Glätte, Lebenskraft ohne Brutalität machen Barlachs Plastiken zu Meisterwerken.« Eingedenk der unglaublichen Tatsache, daß die Bewunderer der Werke von Barlach und Käthe Kollwitz als »amerikanische Agenten« diffamiert werden, und der Kampagne gegen Hanns Eislers Operntext *Johann Faustus* (1952) im *Neuen Deutschland* (14. Mai 1953) und im *Sonntag* (17. Mai 1953) sowie als Reflex auf die sich durch die Formalismus/Realismus-Diskussion drastisch verschlechternden künstlerischen Produktionsbedingungen faßt Brecht 1953 seine Forderungen, die Kulturpolitik auf allen Gebieten zu ändern, in einem Brief an das Zentralkomitee der SED zusammen. Gegen diese Pressionen wenden sich auch zwei Vertreter der jungen Generation: Wolfgang Harich veröffentlicht den Artikel »Es geht um den Realismus« (*Berliner Zeitung* vom 14. Juli 1953), und Erich Loest bezieht in dem Pasquill »Elfenbeinturm und rote Fahne« (*Börsenblatt für den deutschen Buchhandel* vom 4. Juli 1953) kritisch Stellung; beide Wortmeldungen haben einschneidende Auswirkungen für ihre Verfasser und führen zu langjährigen Zuchthausstrafen. Die Metapher von den »Kristallnächten der Funktionäre« kursiert.

Das ist das politisch-kulturpolitische Klima, dem sich Rudolf Leonhard in zunehmendem Maße nicht mehr gewachsen fühlt. Seine Teilnahme am III. Deutschen Schriftstellerkongreß (1953) wird ihm unwichtig. »Soll ich meiner Lust, nicht zum Kongreß zu gehn (mindestens meiner sehr starken Unlust, hinzugehn) nachgeben?« fragt er Maximilian Scheer in einem Brief vom 14. Mai 1952. »Auf dem ersten Schriftstellerkongreß habe ich wirklich wirken können. Auf dem zweiten habe ich immerhin noch am Rande mich leidlich bewegen können. Für den dritten bin ich so gut wie inexistent.« Und wenige Zeilen vorher heißt es: »Vor zwei Jahren bin ich nach Berlin gekommen. Ich bin sehr weit zurückgefallen seitdem.« Im Spätherbst 1953 wird er von Ministerpräsident Otto Grotewohl empfangen; ihm gesteht er, daß er am liebsten wieder emigrieren möchte. »Zuletzt brach ich in lautes Schluchzen aus«, fährt Mörike in den Peregrina-Liedern fort.

Nach einer dreitägigen Erkältung ohne Fieber stirbt Rudolf Leonhard am 19. Dezember 1953 in seiner Wohnung in der Wolfshagener Straße, »an gebrochenem Herzen«, wie Alfred Kantorowicz sagt: »Nun ist er emigriert, endgültig, mit vierundsechzig Jahren.« Auf dem Stehpult liegen zwei Gedichtentwürfe. Der eine, halblaut mit dem Tod Zweisprache haltend, fügt das, wohin es mit ihm gekommen ist, mit dem zusammen, was er sich noch abverlangt – zwei Scherben, die Bruchstelle ist zu spüren: »Da muß ich eben meine Sachen so hinlegen und schreiben, / daß wenigstens über mich die übrigbleiben. / Ich muß meine Sachen / in Ordnung bringen und ordentlich machen.« Der andere, karg, gelassen, scheinbar nur eine Naturstrophe, spricht sehr leise eine Hoffnung aus, unter der sich die Wörter in Chiffren verwandeln:

»Brombeergeruch. / Geh, Wind, und wische / mit silbernem Tuch / in der noch warmen Schlucht / den Tau von den Büschen.«

Seine Asche wird auf dem Friedhof Baumschulenweg beigesetzt; unter den Trauergästen befinden sich Otto Grotewohl, Johannes R. Becher, Kuba, Willi Bredel, Ludwig Renn, F. C. Weiskopf, Max Zimmering, Gustav von Wangenheim. Die Totenrede hält Jan Petersen; er würdigt die Verdienste Rudolf Leonhards, »mit dem das deutsche Volk einen seiner besten Söhne verliert«. (Nach den Gerüchten über seinen angeblichen Tod im Gefängnis von Castres hatte er sich, im Lehnstuhl sitzend, pfeiferauchend, an den Elogen vergnügt, »in denen sich die Verfasser in einer für mich durchaus günstigen und begrüßenswerten Art auf Hochschätzung festgelegt« haben, »wie man es eben Toten gegenüber tut«.)

Eine Gesamtausgabe seiner Werke fehlt, das Verzeichnis der in der DDR erscheinenden Bücher weist seit Jahren lediglich den Band *Der Weg und das Ziel* (1970) als lieferbar aus, der Gedenkartikel, mit dem das *Neue Deutschland* vom 27. Oktober 1979 an seinen neunzigsten Geburtstag erinnert, beschränkt sich auf die Redensart »Dichter, Kämpfer und ein guter Kamerad«, der Literaturkalender des Aufbau-Verlages vermerkt zwar den Todestag, widmet ihm aber nicht das Wochenblatt zur dreißigsten Wiederkehr 1983. So gilt noch immer, womit Alfred Kantorowicz 1953 den Nachruf auf ihn beschließt: »Wir sind ihm viel schuldig geblieben«, und Stephan Hermlin hat dieses Gedächtnis 1968 wiederholt: »Dann starb er, ganz schnell und allein, ohne, trotz allem, den Platz eingenommen zu haben, der ihm gebührte, der ihm noch immer gebührt.«

III

Rudolf Leonhard, »Gedichteträumer« und Notar dazu, der nach rechts prozessierte und die Linke nicht freisprach, der, in einem Traum, angab (und beinahe gab er es zu), er sei Schriftsteller und eine Weile zwischen »homme de lettres« und »écrivain« schwankte, dieser Sanftmütige aus Lissa, der zugleich ein glänzender angewandter Anatom war, einer, der den gesellschaftlich relevanten Gebrauch der Körperteile lehrte: den Mund hast du, um zu küssen und zu singen und um an den feindlichen Tagen laut die Wahrheit zu sagen, den Nacken, um ihn nicht zu beugen, die Nase, um sie in alle Ecken und in alle Sachen zu stecken, den Kopf, um ihn in allen Gewalten zum Trotz oben zu behalten – dieser »liebenswerte, arglose, selbstlose Phantast« Rudolf Leonhard hat auch in seinen Träumen an einer Poetik der List, Gedichte zu verstehen, gearbeitet. Der Traum vom 4. November 1943 in Marseille: »Ich zeige einem Mädchen, das schnell durch die Tür in das große helle Zimmer kommt, drei Gedichte. Die Gedichte hängen zusammen und sprechen vom Unglück. Ich setze dem Mädchen auseinander, wie es das zweite Gedicht lesen soll. Mir liegt sehr viel daran, daß sie die Gedichte versteht. Wenn sie gut über den Anfang hinwegliest, wird sie sie verstehn. Das zweite Gedicht ist gar nicht so verzweifelt, das heißt, im Zusammenhang werden die Gedichte hoffnungsvoll. Während das Mädchen liest, beschäftige ich mich mit der Katze, die neben mir hockt. Diese Katze weigert sich, selbst auch zu schreiben, sie will durchaus kein Schriftsteller sein.«

Zürich, 27. Dezember 1983 bis 13. Januar 1984

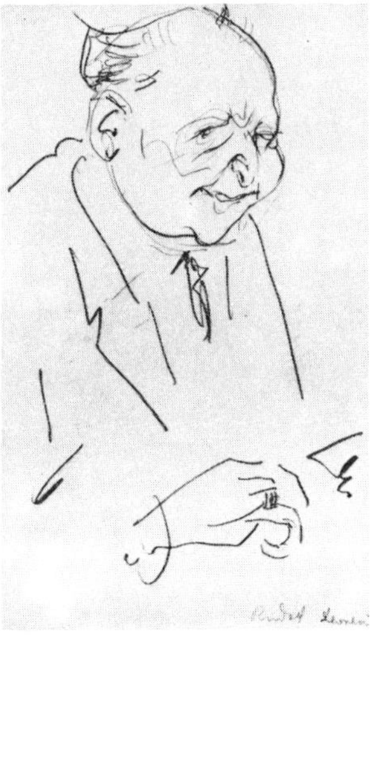

B A R B A R E N
Balladen von Rudolf Leonhard
A. R. Meyer Verlag Berlin-Wilmersdorf

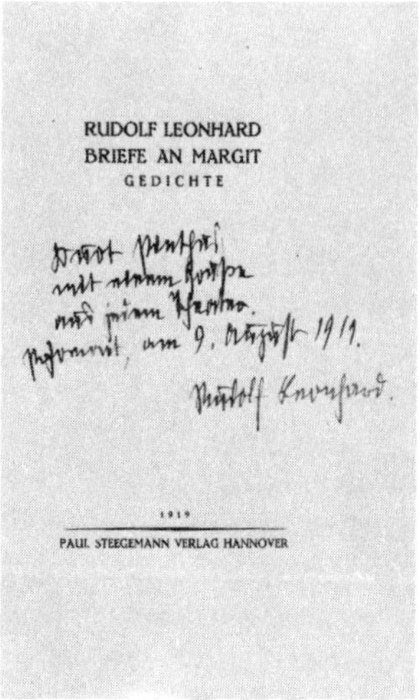
RUDOLF LEONHARD
BRIEFE AN MARGIT
GEDICHTE
1919
PAUL STEEGEMANN VERLAG HANNOVER

RUDOLF
LEONHARD
DAS NACKTE
LEBEN
SONETTE

Poesiealbum 46
Rudolf
Leonhard
90

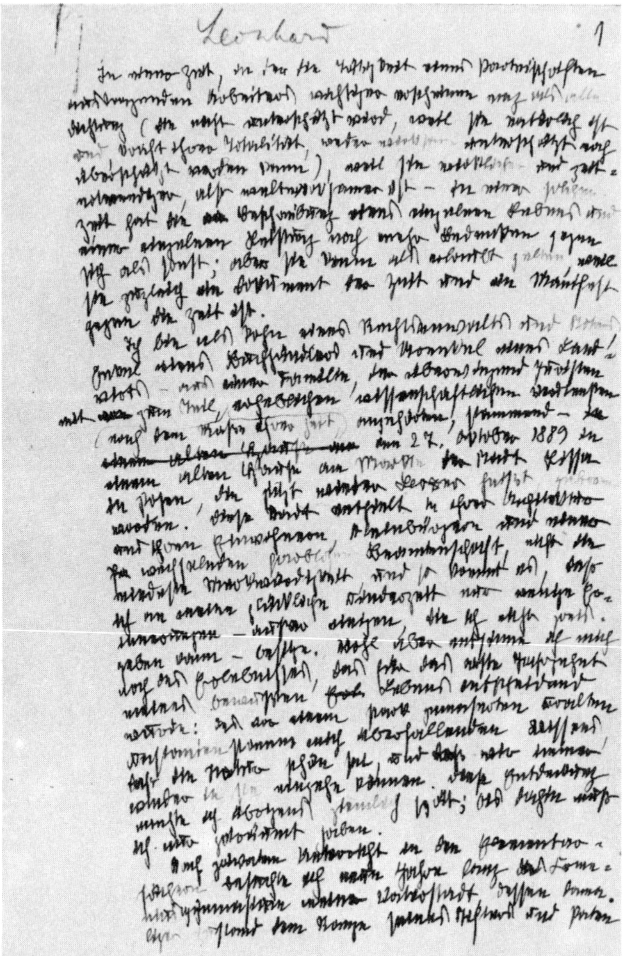
Leonhard 1

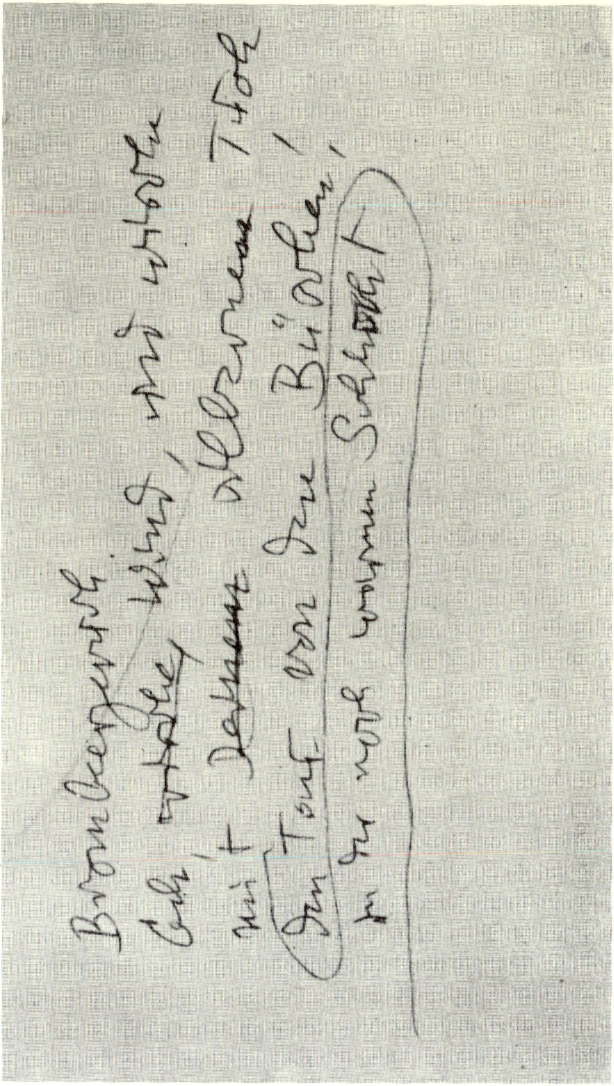
Brombeerzweig

Zu den Abbildungen

Seite 63 von links oben nach rechts unten:

1 Als Soldat 1917. Aus: Maximilian Scheer (Hg.): Freunde über Rudolf Leonhard. Verlag der Nation: Berlin/DDR 1958. 2 In den zwanziger Jahren. 3 Bleistiftzeichnung von B. F. Dolbin. 4 Nach 1950.

Seite 64 von links oben nach rechts unten:

5 Titelblatt zu *Barbaren*, gezeichnet von Ludwig Meidner. A. R. Meyer Verlag: Berlin-Wilmersdorf o. J. [1914]. 6 Widmungsexemplar von *Briefe an Margit* mit handschriftlicher Widmung des Autors an Kurt Pinthus. Paul Steegemann Verlag: Hannover 1919. 7 Titelblatt zu *Das nackte Leben*, Einbandentwurf von Georg Salter. Verlag Die Schmiede: Berlin 1925. 8 Titelblatt zu *Poesiealbum 46: Rudolf Leonhard*, herausgegeben und ausgewählt von Bernd Jentzsch. Umschlagvignette von Max Lingner. Verlag Neues Leben: Berlin/DDR 1971.

Seite 65 oben und unten:

9 Rudolf Leonhard im Boot mit Walter Hasenclever (vor 1927). 10 Rudolf Leonhard und Maximilian Scheer in Frankreich oder Spanien (dreißiger Jahre). Aus: *Rudolf Leonhard: Ein Leben im Gedicht.* Herausgegeben und mit einem Vorwort von Maximilian Scheer. Verlag der Nation: Berlin/DDR 1964, S. 2.

Seite 66:

11 Handschriftlicher Lebenslauf (um 1921). (Schiller-Nationalmuseum/ Deutsches Literaturarchiv, Marbach a. N.).

Seite 67:

12 Gedichtentwurf, der nach dem Tod Leonhards auf seinem Stehpult gefunden wurde. Aus: Maximilian Scheer (Hg.) Freunde über Rudolf Leonhard. Verlag der Nation: Berlin/DDR 1958:

Brombeergeruch.
Geh, Wind, und wische
mit silbernem Tuch
in der noch warmen Schlucht
den Tau von den Büschen!

Die Vorlagen stellten das Schiller-Nationalmuseum/Deutsches Literaturarchiv, Marbach a. N. (2, 3, 5, 6, 9, 11) und die Akademie der Künste der DDR, Berlin/DDR (1, 4, 10, 12) zur Verfügung.

Bibliographie Rudolf Leonhard

Die Bibliographie umfaßt Rudolf Leonhards Buchpublikationen (Einzelausgaben und Auswahlbände) zwischen 1913 und 1971 sowie seine Arbeit als Übersetzer und Herausgeber. Theaterstücke und Hörspiele wurden nur dann aufgenommen, wenn Druck-, Aufführungs- oder Sendenachweise zu ermitteln waren. Die Ende der zwanziger/Anfang der dreißiger Jahre entstandenen Filmdrehbücher sind nicht als selbständige Publikationen erschienen und entfallen daher. Die Bibliographie schließt mit einem Sammelband, der Beiträge über Rudolf Leonhard enthält.

1. Einzelausgaben

Angelische Strophen. Gedichte. Titelblatt unter Verwendung eines Kupferstichs des Meisters E. S. Lyrische Flugblätter. Berlin-Wilmersdorf: A. R. Meyer 1913

Der Weg durch den Wald. Gedichte. Lyrische Bibliothek, 2. Band. Heidelberg: Saturn-Verlag Hermann Meister 1913

Barbaren. Balladen. Titelblatt von Ludwig Meidner. Berlin-Wilmersdorf: A. R. Meyer [1914]

Über den Schlachten. Gedichte. Berlin-Wilmersdorf: A. R. Meyer [1914]

Aeonen des Fegefeuers. Aphorismen. Leipzig: Kurt Wolff 1917

Bemerkungen zum Reichsjugendwehrgesetz. Der neue Geist. Eine Schriftenreihe. 5. Heft. Berlin: Der Neue Geist Verlag 1917

Beate und der große Pan. Ein Roman. München: Roland-Verlag Dr. Albert Mundt 1918

Polnische Gedichte. Bücherei Der jüngste Tag, Band 37. Mit einem Nachwort von R. L. Leipzig: Kurt Wolff 1918

Die Vorhölle. Schauspiel. [Geschrieben 1916.] Uraufführung: Kleines Schauspielhaus, Berlin, 23. 3. 1919

Katilinarische Pilgerschaft. Gedichte. München: Georg Müller 1919

Kampf gegen die Waffe! Rede. Umsturz und Aufbau. 3. Flugschrift. Berlin: Ernst Rowohlt 1919

Briefe an Margit. Gedichte. Umschlagzeichnung von Käthe Schmidt.

Die Silbergäule / Erste Reihe (Dichtung / Graphik / Essai). Band 1/2. Hannover: Paul Steegemann 1919

Das Chaos. Gedichte. Mit einem Vorwort von R. L. Hannover: Heinrich Böhme 1919

Michl Fingesten und R. L.: Zehn Radierungen über das Thema Mütter. Dichtungen von R. L. Berlin: Neue Kunsthandlung 1920

Alles und Nichts! Aphorismen. Berlin: Ernst Rowohlt 1920

Spartakussonette. Stuttgart: Oskar Wöhrle 1921

Die Prophezeiung. Gedichte. Mit 5 Original-Steinzeichnungen von W. Plünnecke. Berlin: Verlag der Gesellschaft von Freunden neuer deutscher Kunst 1922

Rudolf Schlichter, Tiere. Folge 1. Sechs Lithographien von R. Sch. und »Lobgesang des Tieres und Beklagung der Opfer« von R. L. Der Text wurde von Doris Thomann geschrieben. Berlin: Alexander Bessmertny 1922

Die Insel. Gedichte einer italienischen Reise. Berlin: Verlag Die Schmiede 1923

Die Ewigkeit dieser Zeit. Eine Rhapsodie gegen Europa. Berlin: Verlag Die Schmiede 1924

Segel am Horizont. Schauspiel in vier Akten. Berlin: Verlag Die Schmiede 1925. Uraufführung: Volksbühne, Berlin, März 1925

Das nackte Leben. Sonette. Einbandentwurf von Georg Salter. Berlin: Verlag Die Schmiede 1925

Tragödie von heute. Fünf Akte. Berlin: Verlag Die Schmiede 1927

Das Buch Gabriel oder Die Verwandlungen. Erzählungen. Hamburg: Ernst Rowohlt 1928

Stierkampf. Hörspiel. Ursendung: Sender Köln, 28. 5. 1931

L'Allemagne et la Paix. Paris: Editions de la Patrie Humaine 1932

Das Wort. Versuch eines sinnlichen Wörterbuchs der deutschen Sprache. Entr'act-Bücherei Nr. 1/2. Berlin: Ida Graetz [1932]

De l'Allemagne. Aufsatz. Paris: Editions Bergis 1933

Confiance en Hitler? Autour d'une interview de M. Jean Goy. Paris: Comité Mondial Des Femmes 1934

Führer & Co. Politische Komödie in fünf Akten. Phoenix Bücher Nr. 3a/b. Paris: Editions du Phénix 1936

Gedichte. (Getarnt als Reclam-Band 7248.) Paris: 1936

Spanische Gedichte und Tagebuchblätter. Paris: Editions Prométhée 1938

Der Tod des Don Quijote. Geschichten aus dem spanischen Bürgerkriege. 2. Bände. Zürich: Stauffacher 1938

El Hel. Wolf Wolff. Erzählungen. Kleine Volksbücherei. Moskau: Meshdunarodnaja kniga 1939

Deutschland muß leben ...! (Unter dem Pseudonym Robert Lanzer.) Marseille: Achevé d'imprimer en Aout en Provence sous l'occupation nazie 1944

Geiseln. Tragödie. Lyon: Marcenac 1945

Plaidoyer pour la démocratie allemande. Essay. Paris: Raisons D'Etre 1947

Deutsche Gedichte. Mit einem Vorwort von R. L. Berlin: Dietz 1947

Anonyme Briefe. Komödie. Berlin: Henschel 1947

Der 38. Breitengrad. Hörspiel. Das Hörspiel unserer Zeit. 1. Frieden. Berlin: Deutscher Funk-Verlag 1950

Unsere Republik. Aufsätze und Gedichte. Mit einem Vorwort von Hans Seigewasser. Berlin: Kongreß 1951

Hausfriedensbruch. Laienspiel. Nach der Hörspielfassung »Kleiner Atombombenprozeß«. Bearbeitet von Georg Kaufmann. Halle (Saale): Mitteldeutscher Verlag 1951

Spielzeug. Laienspiel. Nach dem gleichnamigen Hörspiel bearbeitet von Georg Kaufmann. Halle (Saale): Mitteldeutscher Verlag 1951

Deutschland will leben. Ein Lagebericht: Westen. Hörspiel. Ursendung: Berliner Rundfunk, 10. 8. 1951

Die Stimme gegen den Krieg. Hörspiel. Das Hörspiel unserer Zeit 3. (Inhalt: Der 38. Breitengrad. Die Geschichte vom Leben und Tod eines Willi Jans. Was aus Christa Borgies geworden wäre. Spielzeug. Der kleine Atombombenprozeß.) Berlin: Deutscher Funk-Verlag 1951

Max Lingner und R. L.: Banlieue. Aquarelle von M. L., Gedichte von R. L. Mit einem Nachwort von R. L. Dresden: VEB Verlag der Kunst 1953

2. *Auswahlbände*

Rudolf Leonhard erzählt. Auswahl und Einleitung von Maximilian Scheer. Berlin: Verlag der Nation 1955

Le Vernet. Gedichte. Auswahl, Zusammenstellung und mit einem Vorwort von Maximilian Scheer. Künstlerische Ausstattung: John Heartfield. Ausgewählte Werke in Einzelausgaben, Band I. Herausgegeben von der Deutschen Akademie der Künste zu Berlin (DDR). Berlin: Verlag der Nation 1961

Segel am Horizont. Dramen und Hörspiele. Ausgewählt und mit einem Vorwort von Maximilian Scheer. Künstlerische Ausstattung von John Heartfield. Ausgewählte Werke in Einzelausgaben, Band II. Herausgegeben von der Deutschen Akademie der Künste zu Berlin (DDR). (Inhalt: Orpheus [Hörspiel. 1928]. Segel am Horizont [Schauspiel, 1925]. Anonyme Briefe [Komödie, 1928]. Geiseln [Tragödie, 1941]. Kleiner Atombombenprozeß [Hörspiel, 1951]. Ganz Deutschland [Hörspiel, 1951].) Berlin: Verlag der Nation 1963

Ein Leben im Gedicht. Gedichte. Auswahl, Zusammenstellung und mit einem Vorwort von Maximilian Scheer. Künstlerische Ausstattung: John Heartfield. Ausgewählte Werke in Einzelausgaben, Band III. Herausgegeben von der Deutschen Akademie der Künste zu Berlin (DDR). Berlin: Verlag der Nation 1964

Der Weg und das Ziel. Prosaschriften. Auswahl, Zusammenstellung und mit einem Vorwort von Maximilian Scheer. Künstlerische Ausstattung: John Heartfield. Ausgewählte Werke in Einzelausgaben, Band IV. Herausgegeben von der Deutschen Akademie der Künste zu Berlin (DDR). Berlin: Verlag der Nation 1970

Poesiealbum 46 Rudolf Leonhard. Ausgewählt von Bernd Jentzsch. Mit einem Vorspruch von Adolf Endler. Umschlagvignette und Grafik von Max Lingner. Berlin: Neues Leben 1971

3. Übersetzungen

Anatole France, Der Aufruhr der Engel. Roman. Leipzig: Kurt Wolff [1917]

Anatole France, Eine Weltgeschichte. [Auszug]. München: Musarion 1919

Maria Stuart Königin von Schottland, Sämtliche Gedichte. Titelporträt von W. Schrader. Berlin-Wilmersdorf: A. R. Meyer [1921]

Maxim Gorki, Die Zerstörung der Persönlichkeit. Aufsätze. (Zusammen mit Josef Chapiro [an der Übertragung der Abschnitte von S. 106 bis zum Schluß des Werkes beteiligte sich anstelle Rudolf Leonhards Max Adler].) Dresden: R. Kaemmerer 1922

Vicente Blasco Ibanez, Die Apokalyptischen Reiter. Berlin: W. J. Mörlins 1922

Henri Guilbeaux, Wladimir Iljitsch Lenin. Ein treues Bild seines Wesens. Übertragen ins Deutsche unter Mitwirkung von R. L. Berlin: Verlag Die Schmiede 1923

Romain Rolland, Botschaft an den Kongreß von Brüssel und Wie kann man den Krieg verhindern? Herausgegeben vom Weltkomitee gegen Krieg und Faschismus. Schriftenreihe über Strategie und Taktik im Kampfe gegen Krieg und Faschismus. Paris: Editions du Carrefour 1936

4. Rudolf Leonhard als Herausgeber

Außenseiter der Gesellschaft. Die Verbrechen der Gegenwart. 14 Bände. Herausgegeben von R. L. Berlin: Verlag Die Schmiede 1924/25. (Band 1: Alfred Döblin, Die beiden Freundinnen und ihr Giftmord [1924]. Band 2: Egon Erwin Kisch, Der Fall des Generalstabschefs Redl [1924]. Band 3: Eduard Trautner, Der Mord am Polizeiagenten Blau [1924]. Band 4: Ernst Weiß, Der Fall Vukobrankovics [1924]. Band 5: Yvan Goll: Germaine Berton / Die rote Jungfrau [1925]. Band 6: Theodor Lessing, Haarmann / Die Geschichte eines Werwolfs [1925]. Band 7: Karl Otten, Der Fall Strauß [1925]. Band 8: Arthur Holitscher, Ravachol und die Pariser Anarchisten [1925]. Band 9: Leo Lania, Der Hitler-Ludendorff-Prozeß [1925]. Band 10: Franz Theodor Csokor, Schuß in's Geschäft / Der Fall Otto Eissler [1924]. Band 11: Thomas Schramek, »Freiherr von Egloffstein« [1925]. Band 12: Kurt Kersten, Der Moskauer Prozeß gegen die Sozialrevolutionäre 1922 [1925]. Band 13: Karl Federn, Der Prozeß Murri-Bonmartini [1925]. Band 14: Hermann Ungar, Die Ermordung des Hauptmanns Hanika / Tragödie einer Ehe [1925]).

Georg Forster, Ausgewählte Schriften. Berlin: Deutsche Buch-Gemeinschaft [1929].

Hoelderlin. Etude et présentation par R. L. et Robert Rovini. Poètes d'aujourd'hui 36. Paris: Pierre Seghers 1953

Hölderlin. Ein Lesebuch für unsere Zeit. Von Tilly Bergner und R. L. (Lesebücher für unsere Zeit: Begründet von Walther Victor.) Weimar: Thüringischer Volksverlag 1954

5. Über Rudolf Leonhard

Maximilian Scheer, Freunde über Rudolf Leonhard. (Der Band enthält Beiträge von André Wurmser, Romain Rolland, Ehm Welk, Vladimir Pozner, Kurt Tucholsky, Lion Feuchtwanger, Bruno Frei, Max Schroeder, F. C. Weiskopf, Günther Weisenborn, Walther Victor, Annemarie Reinhard, Louis Fürnberg, Willi Bredel, Hans Mayer, Eugène Guillevic u. a.) Berlin: Verlag der Nation 1958

Dank

Für die Erlaubnis zur Reproduktion der Fotos danken Autor und Verlag der Akademie der Künste der DDR, Berlin/DDR, und dem Schiller-Nationalmuseum/Deutsches Literaturarchiv, Marbach a. N.

Dem Deutschen Literaturarchiv gilt ein besonderer Dank für die Unterstützung bei den Forschungsarbeiten, insbesondere Professor Dr. Bernhard Zeller, Dr. Jochen Meyer und Ingrid Grüninger. Die Deutsche Bücherei in Leipzig half bibliographische Lücken bei den Übersetzungen Rudolf Leonhards schließen.

Inhalt